spielen und lernen

Heinrich Kreibich/Bettina Mähler

Spaß am Lesen

Leseförderung in der Mediengesellschaft

oz
velber

107/104

Fotos:
Titel: gettyimages/Christoph Wilhelm
Innenteil: creativ collection: S. 19, 30, 35, 49, 50, 102, 123; Mauritius/B2M-Machet: S. 32; Mauritius/B2M Production: S. 6; Mauritius/Pedro del Rio: S. 88; Mauritius/George Glod: S. 65; Mauritius/Fabrice Guyot: S. 7; Mauritius/Richard Heinzen: S. 36; Mauritius/Tom Kola: S. 63; Mauritius/Maureen Lawrence: S. 68; Mauritius/Lehn: S. 138; Mauritius/MR Pictures: S. 140; Mauritius/Luc Paurus: S. 37; Mauritius/David Ryan: S. 64; Photodisc: S. 14, 15, 16, 27, 28, 43, 46, 48, 61, 62, 69, 70, 71, 72, 73, 91, 92, 93, 100, 103, 104, 106, 110, 115, 118, 124, 130; Frank Pusch: S. 97; Heidi Velten: S. 8, 9, 18, 22, 23, 24, 29, 38, 41, 44, 51, 52, 54, 55, 57, 58, 59, 74, 78, 79, 80, 82, 84, 86, 87, 90, 94, 112, 114, 120, 132, 144, 153, 154, 155, U4; Zefa/J. Horowitz: S. 5; Zefa/Huber+Starke: S. 20; Zefa/A. Inden: S. 39; Zefa/M. Möllenberg: S. 67; Zefa/Virgo: S. 4, 45; Zefa/S. Weiler: S. 121, 137.

© 2003 Velber im OZ Verlag GmbH, Freiburg
Alle Rechte vorbehalten
Lektorat: Susanne Lesaar
Bildredaktion: artemision, Freiburg; Susanne Lesaar
Satz: artemision, Freiburg
Repro: Bild & Text Baun, Fellbach
Druck und Bindung: IGM, Spanien

ISBN 3-89858-405-4

Inhalt

Vorwort:
Warum Leseförderung
und Medienerziehung
das Gleiche sind

Medienalltag heute

Maximilian wacht um 6.15 Uhr auf, eine halbe Stunde bevor sein Wecker klingelt. Er bleibt im Bett liegen und schaltet den Kassettenrekorder ein, ganz leise, um die anderen nicht zu stören, und hört Benjamin Blümchen. Dann steht der Sechsjährige auf, fängt an mit seinen Legosteinen zu bauen. Die Kassette läuft weiter.

Um 6.45 Uhr rufen ihn seine Eltern zum Frühstück. Während des Frühstücks läuft das Radio, die Eltern wollen die Sieben-Uhr-Nachrichten hören. Um 7.15 Uhr verlässt Maximilian das Haus.

Um 12.15 Uhr kommt er von der Schule nach Hause. Während seine Mutter das Mittagessen zubereitet, geht er in sein Zimmer – und schaltet wieder den Kassettenrekorder ein. Dieses Mal hat er sich eine Liederkassette eingelegt. Er setzt sich an seinen Schreibtisch und malt.

Um 12.45 Uhr isst er mit seiner Mutter zu Mittag, dann bittet ihn die Mutter, noch einmal eine halbe Stunde Pause zu machen. „Darf ich fernsehen?", fragt Maximilian. „Nein, du weißt, du darfst nur abends fernsehen." „Ich will aber jetzt, ich bin so müde!" Die Mutter bleibt hart: „Nein." „Ich will aber." „Nein." Maximilian trollt sich in sein Zimmer.

Um 13.30 Uhr macht Maximilian seine Hausaufgaben am abgeräumten Esstisch. Immer wieder hat er gefragt, ob er dabei Musik hören darf. Die Mutter bleibt auch da wieder konsequent. Nein.

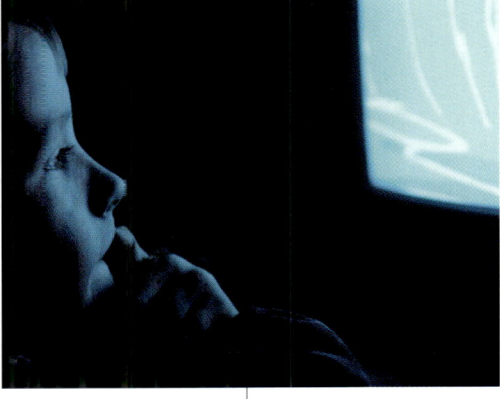

Um 14.30 Uhr kommt Maximilians Freund Thomas zu Besuch. „Dürfen wir an den PC?", ist die erste Frage, die die beiden stellen. „Geht doch bitte raus! Es ist so schönes Wetter", meint die Mutter. „Ja, o. k. ...", murren die beiden, ziehen aber doch ihre Jacken und Schuhe an und gehen nach draußen. Nach einer Stunde kommen sie wieder rein. „Wir haben Hunger. Und dürfen wir jetzt an den PC?" „Wenn ihr hier am Tisch gegessen habt, dürft ihr." „Dürfen wir nicht vor dem PC essen?" „Nein." Die beiden stopfen Apfelstücke und Nutellabrot in sich rein und gehen zum PC. „Dürfen wir ins Internet?" „Nein, da möchte ich dabei sein, ich habe aber gerade etwas anderes zu tun." „O. k.", sagen die beiden, „dann spielen wir Kugelblitz." Als die Mutter nach einer Dreiviertelstunde bittet, dass die beiden aufhören, gibt es Geschrei. Aber sie lässt sich nicht umstimmen. Die beiden gehen in Maximilians Zimmer. Sie drehen den Kassettenrekorder mit Popmusik laut. Die Mutter muss jetzt selber in ihren E-Mail-Kasten schauen. Als sie den Computer anstellt, findet sie ein neues Symbol darauf. „Hotgirls". Da waren die beiden also doch im Internet und sind zielsicher auf einer Sexseite gelandet, die sich sofort als Startseite auf dem PC installiert hat.

Es klingelt an der Tür. Maximilians Bruder Lukas, der acht Jahre alt ist, kommt nach Hause. „Guck mal, der Sebastian hat mir eine CD-ROM gebrannt", ruft er. „Und wir durften ganz lange Gameboy und dann Nintendo spielen". Die Mutter wird sauer. „Du weißt genau, dass ich alle Racer-Spiele nicht leiden kann. Da kannst du auch in eine Spielhölle gehen. Und Gameboy und Nintendo sind auch nicht besser, das möchte ich hier nicht." Der Grund: Es hatte regelmäßig Wutausbrüche der Kinder gegeben, wenn sie aufhören sollten, Gameboy zu spielen. Die Eltern, die die Gameboys sowieso nur mit sehr gemischten Gefühlen gekauft hatten, verschenkten die Geräte. Obwohl alle Klassenkameraden angeblich jeden Tag so lange damit spielen durften, wie sie wollten.

Lukas geht in sein Zimmer. Genau um 17.30 Uhr kommen alle wieder runter. Es ist die in der Familie vereinbarte Fernsehzeit. Bald hört die Mutter die Eingangsmusik einer gerade aktuellen Super-RTL-Zeichentrickserie. „Was waren das noch für schöne Zeiten, als ich einfach den Kinderkanal einstellen konnte", denkt sie. Thomas geht um 18 Uhr nach Hause, um 18.30 Uhr gibt es Abendessen mit dem Vater, der inzwischen nach Hause gekommen ist. Um 19 Uhr nörgelt Maximilian: „Ich will die Nachrichten sehen, alle dürfen das." „Ich möchte das aber nicht", meint die

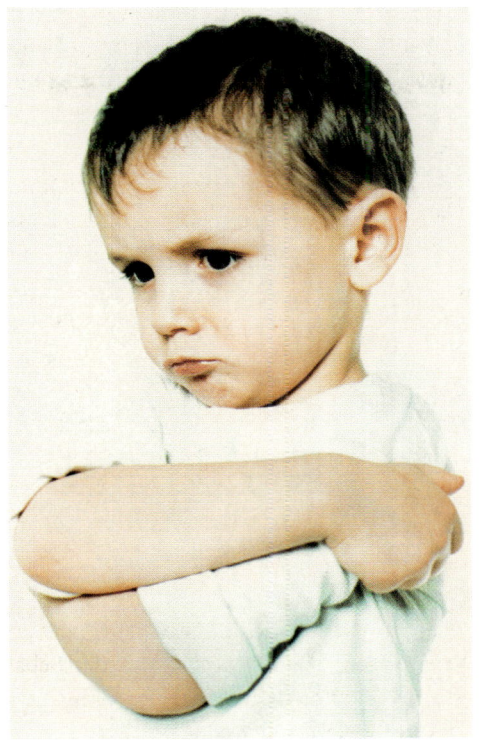

Mutter, denn Maximilian litt unter heftigen Alpträumen, als er eine Weile lang regelmäßig abends die Nachrichten gesehen hatte.

Die Familie spielt noch ein Familienspiel, Cluedo. Anschließend machen sich die Kinder im Bad fertig. Schon wieder dudelt das Radio. Die Eltern lesen getrennt jeder einem Kind vor, danach lesen die Jungen noch eine Viertelstunde selber. „Der Sebastian darf abends immer Kassette hören", mault Lukas. „Ich möchte das aber nicht", sagt der Vater. „Wenn man müde werden will, muss man lesen."

Der ganze Tag ein Kampf gegen die Medien, so empfinden das viele Eltern. Manche nehmen den Kampf auf sich, führen ihn ganz bewusst, andere resignieren und lassen die Kinder selber entscheiden, was sie tun. Die Mutter von Maximilian und Lukas kämpft, aber es nervt sie. Täte sie es nicht, würden ihre Kinder den Tag ohne Pause mit elektronischen Medien verbringen. Knopfdrücken in jedem Zimmer des Hauses von morgens bis abends wäre angesagt. Und das Lesen hätte keine Chance. Überhaupt keine.

1 Welche Kindermedien es heute gibt

Als wir Kinder waren, gab es zwei Programme im Fernsehen. Nachmittags ab 16 Uhr liefen Kindersendungen. Dazu erschienen ein paar vereinzelte Kinderzeitschriften, die kaum jemand von seinen Eltern gekauft bekam. Einmal im Jahr ging man ins Kino, und zwar zu Weihnachten, wenn ein Kinderfilm gezeigt wurde. Eltern und Großeltern lasen vor, Bilderbücher, Märchen, erzählende Kinderliteratur. Und als wir selber lesen konnten, gab es die Klassiker, und einige neue Kinderbücher, sicherlich, aber keinesfalls in dieser Fülle wie heute. Die Abende verbrachten wir lesend, die Bücher besorgten wir uns meist aus der Bibliothek. Klar waren wir Leseratten, sonst würden wir kaum heute Bücher über Leseförderung schreiben.

Aber auch wenn wir Leseratten waren und sicher nicht jeder Leser dieses Buches seine Kinder- und Jugendzeit als eine solche erlebt hat: Das Entscheidende war, dass es außer Fernsehen, hin und wieder mal Kino, wenigen Zeitschriften und ein paar Büchern keinerlei audiovisuelle Kindermedien gab. Die Frage, womit Kinder früher ihre Zeit verbringen konnten, war einfach zu beantworten: rausgehen, mit anderen Kindern spielen, lesen, ein wenig Fernsehen.

Vergleicht man diese Jahre mit der oben geschilderten aktuellen Medienkindheit, so könnte man versucht sein, in ein Lamento zu verfallen. Oder man nimmt die Aufgabe an und schaut erst einmal genau hin, welche Kinder- und Jugendmedien es denn überhaupt gibt.

Kinder- und Jugendmedien

Medium	Inhaltliche Kategorien
Buch	Liederbuch, Bilderbuch, erzählendes Kinderbuch, Märchen, Kindersachbuch, Beschäftigungsbuch, Lernbuch, Erstlesebuch, religiöse Bücher, Jugendbuch
Zeitschrift	Kinderzeitschrift, Jugendzeitschrift, Comic
MCs	Liederkassetten, Hörbuch
CDs	CD mit Liedern, Hörbuch
Radio	Kinderradio, Jugendradio, auf vielen Kanälen
Fernsehen	Kinderfilm, Kindersachfilm, Kinderserie, Kindernachrichten, das alles in vielen Programmen
PC	CD-ROM, DVD-ROM, Internet, E-Mail, Chatroom
Video	Kinderfilm
DVD	Kinderfilm
Kino	Kinderfilm
Spiele	Lernspiele, Gesellschaftsspiele
Elektr. Spiele	Gameboy, Nintendo, Spielekonsole
Handy	SMS, Klingeltöne, Nachrichten, Internet

Auswirkungen der „Medienflut"

Die Medienflut hat Auswirkungen auf das Kinderleben. Zunächst für jeden nachvollziehbar auf die Zeit, die Kinder auf eine Sache verwenden. Das gilt sowohl für die Mediennutzung als auch für andere Tätigkeiten. Eine Untersuchung aus dem Jahr 2002 über 6- bis 13-jährige Kinder und Jugendliche zeigt, wo die Interessenschwerpunkte der Zielgruppe liegen. Sie verdeutlicht, in wie viele Teile Kinder und Jugendliche ihre Freizeit heute aufteilen.

Da bleibt für keine der genannten Interessen sehr viel Zeit. Und je mehr Medien dazukommen, desto mehr „verdichtet" sich der Tag, desto mehr

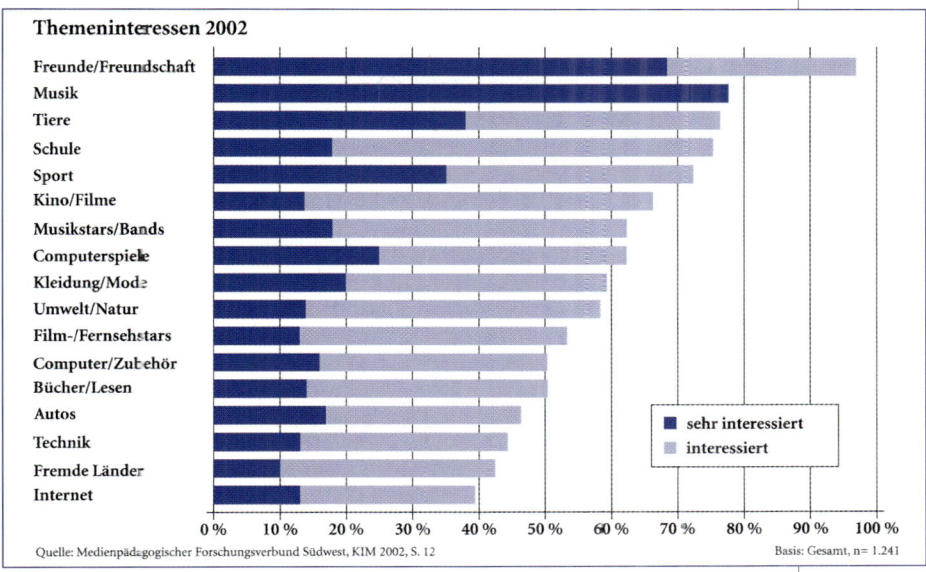

Themeninteressen 2002

Quelle: Medienpädagogischer Forschungsverbund Südwest, KIM 2002, S. 12   Basis: Gesamt, n= 1.241

verschiedene (Medien-)Tätigkeiten packen die Kinder und Jugendlichen in 24 Stunden.

In diesem Zusammenhang wichtig ist noch die Zeit, die Kinder den einzelnen Medien widmen.

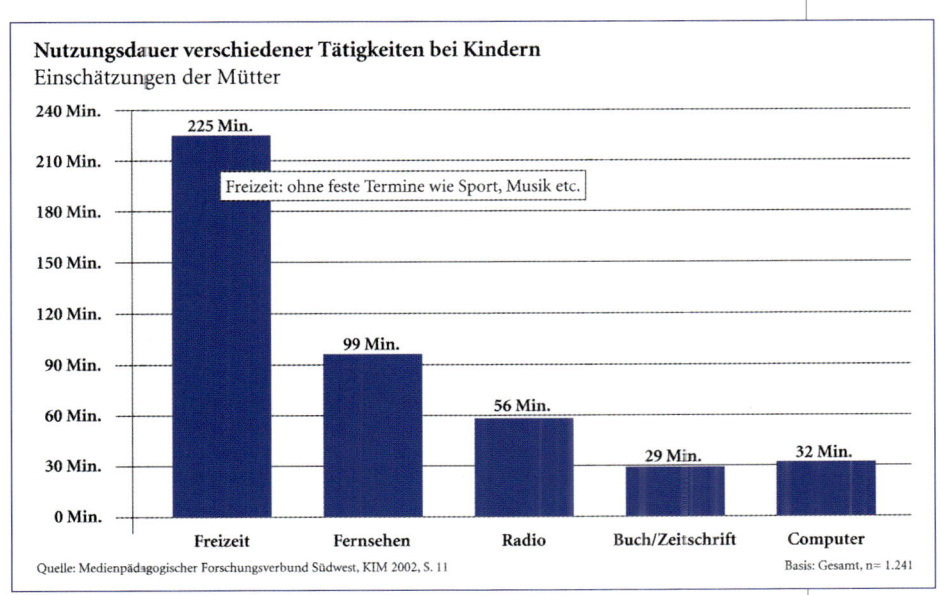

Nutzungsdauer verschiedener Tätigkeiten bei Kindern
Einschätzungen der Mütter

Quelle: Medienpädagogischer Forschungsverbund Südwest, KIM 2002, S. 11   Basis: Gesamt, n= 1.241

Fernseher, Radio, Bücher und Computer ergeben zusammen täglich dreieinhalb Stunden Mediennutzung. Dazu kommt noch die Zeit für Kassettenrekorder bzw. CD-Player, für Hörbücher und Musik, die die Medienforscher in dieser Studie nicht mit erfasst haben. Wie viel Zeit bleibt bei solch einer Mediennutzung für die anderen Interessen der Kinder wie Freunde, Musik, Tiere und Sport?

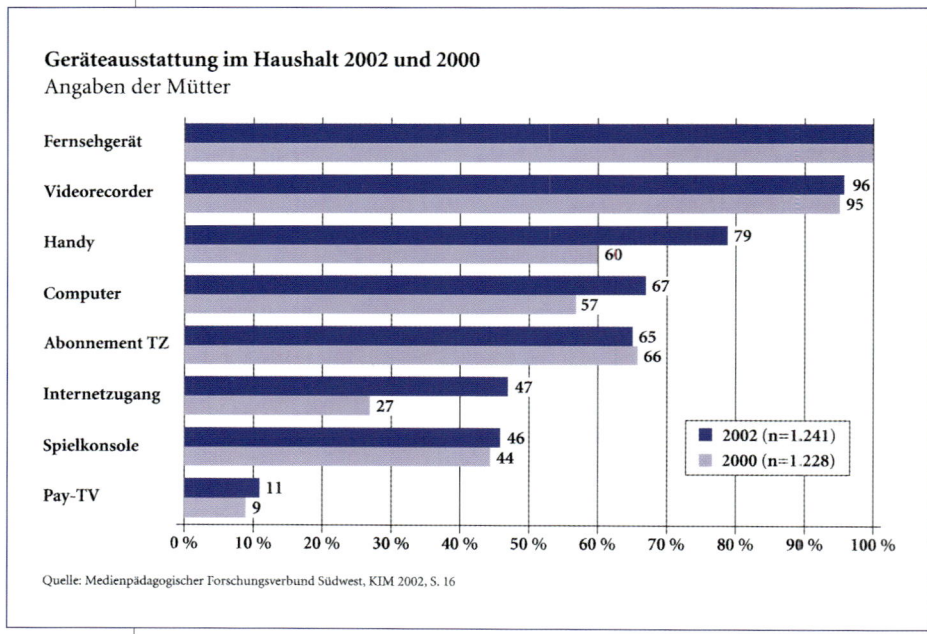

Geräteausstattung im Haushalt 2002 und 2000
Angaben der Mütter

Quelle: Medienpädagogischer Forschungsverbund Südwest, KIM 2002, S. 16

Verstärkt wird der Trend dadurch, dass der Gerätebesitz von Kindern und Jugendlichen stark zunimmt.

Mehr als die Hälfte aller Kinder hat einen Kassettenrekorder im eigenen Zimmer stehen, fast jedes zweite einen Gameboy, bereits jedes dritte Kind besitzt einen eigenen Fernseher, jedes vierte eine Spielekonsole, jedes siebte ein Handy und jedes achte einen Computer. Wir wissen zwar nicht genau, wie viele der Kinder mehrere der Geräte auf einmal ihr Eigen nennen, also Kassettenrekorder und Gameboy und Fernseher und Spielekonsole und Computer, aber es ist anzunehmen, dass es hier Schnittmengen gibt. Kinder und Jugendliche heute sind also nicht nur im Wohnzimmer der Eltern, sondern auch in ihren eigenen vier Wänden umgeben von Medien, die alle dazu auffordern: Schalt mich an!

Und wie sieht es bei Erwachsenen aus?

Bei Erwachsenen ist diese Situation verschärft zu beobachten. Sie besitzen nicht nur zu 99 Prozent einen Fernseher und ein Radio, sondern auch noch zu 67 Prozent einen Computer und zu 46 Prozent eine Spielekonsole. Und sie nutzen diese Geräte auch. Erwachsene verbringen im Durchschnitt siebeneinhalb Stunden (Männer 444 Minuten, Frauen 448 Minuten) täglich mit audiovisuellen Medien (Radio, Fernseher, Tonträger, Computer)!

Der normale Menschenverstand sagt, dass das mit einem geregelten Privatleben nicht zu vereinbaren ist. Wäre es auch nicht, wären Fernseher, Radio und CD-Player nicht auch zu einem Nebenbei-Medium geworden. (Beim Computer ist das nicht möglich.) Beim Frühstück, beim Abendessen, beim Einkaufen, in der Kneipe, überall tönen Radios und flimmern Fernseher. Erwachsenen gelingt es noch weniger als Kindern, sich auf eine einzige Sache zu konzentrieren.

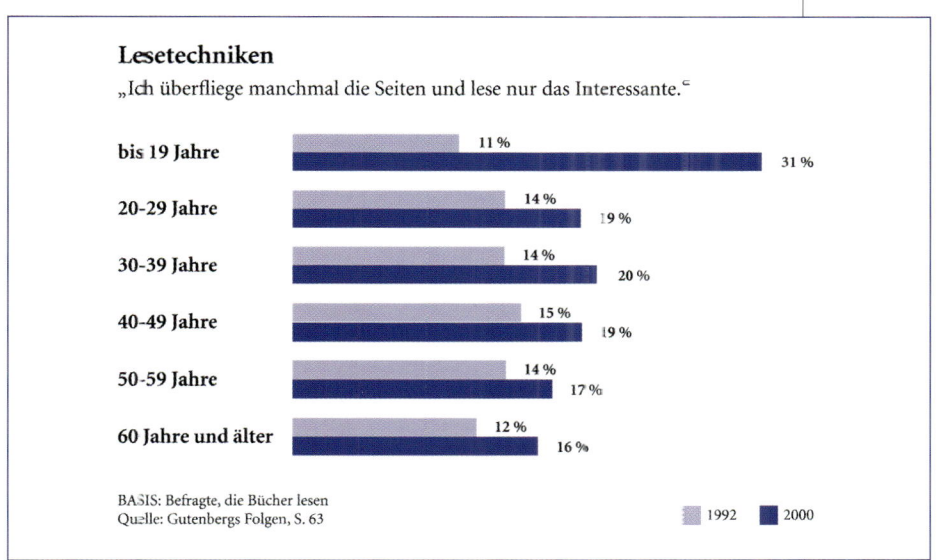

Lesetechniken

„Ich überfliege manchmal die Seiten und lese nur das Interessante.“

bis 19 Jahre	11 %	31 %
20-29 Jahre	14 %	19 %
30-39 Jahre	14 %	20 %
40-49 Jahre	15 %	19 %
50-59 Jahre	14 %	17 %
60 Jahre und älter	12 %	16 %

BASIS: Befragte, die Bücher lesen
Quelle: Gutenbergs Folgen, S. 63

    1992   2000

Die zunehmenden Medienreize gehören zu einem Phänomen, das Psychologen als Beschleunigung des Lebens beschreiben. „Ich habe keine Zeit, ich bin gestresst“ ist einer der Standardsätze, mit denen Menschen sich heute begegnen. Sogar Bücher, das klassische Medium, auf das man sich vollständig einlassen muss, werden nicht mehr von vorne bis hinten gelesen, sondern überflogen.

Ob Lesen oder Fernsehen oder Radiohören, überall gibt es ähnliche Tendenzen. Man liest „quer", kurze Videoclips ersetzen ausführliche Fernsehfilme, beim Radio sind Drei-Minuten-Beiträge schon lang.

Was ist ein Simultant?
Mancher Erwachsene hat eine neue Strategie entwickelt, um mit diesem beschleunigten Leben zurechtzukommen: die des „Simultanten". Das ist jemand, der versucht, simultan – gleichzeitig – so viel wie möglich in sein Leben einzubauen, um nichts zu verpassen oder einfach als Reaktion auf die an ihn gestellten Anforderungen. Genau so nutzen heute viele Erwachsene die Medien – und die Kinder machen es ihnen nach. Da läuft der Fernseher, während die Familie isst. Da telefoniert die Mutter, während sie kocht. Da hören die Kinder Radio, während sie Hausaufgaben machen. Da werden SMS-Botschaften beantwortet, obwohl man sich gerade mit einem Familienspiel beschäftigt. Da zappt man durch das Programm, weil man am liebsten drei Sendungen auf einmal mitbekommen möchte.

Sicherlich könnte man einwenden, dass diese Art zu leben, sich sozusagen durch die Medien und das Leben zu zappen, doch durchaus in Ordnung sei. Nur trifft das nicht für Kinder zu. Kinder müssen ihre Lernerfahrungen langsam machen, sie müssen lernen, sich auf eine Sache zu konzentrieren.

Pädagogen und Psychologen fordern heute eine Kultur der Langsamkeit, damit Kinder lernen, ihr Leben Stück für Stück – eben nicht simultan – und in einem kindgemäßen – das heißt für Erwachsene langsamen – Tempo zu begreifen.

Kinder reagieren mit Auffälligkeiten

Kinder reagieren auf diese Beschleunigung des Lebens und insbesondere auf die Medienflut mit vielen Auffälligkeiten:

- Entwicklungsdefizite, insbesondere motorischer Art. Jüngste Untersuchungen von Kindern, die in die Schule kommen, sind alarmierend. Zunehmend mehr Kinder bewegen sich zu wenig und beherrschen deshalb viele Bewegungsabläufe nicht. Und die Tendenz zum Übergewicht steigt mit dem Alter der Kinder. Etwa ein Drittel der Zehnjährigen hat Übergewicht. Vor einiger Zeit schuf man für Erwachsene, die ständig essend vor dem Fernseher anzutreffen sind, den Begriff „coach potatoes". Mittlerweile gibt es sehr viele Kinder, auf die die Beschreibung ebenfalls zutrifft.
- Sprachauffälligkeiten. Auch das ist ein Ergebnis der aktuellen Untersuchungen über den Schuleintritt. Zu diesem Zeitpunkt haben 20 Prozent aller Kinder Sprachentwicklungsverzögerungen. Ursache: In den Familien wird zu wenig gesprochen, die „Kommunikation" wird vor allem dem Fernseher überlassen. Auch gemeinsame Mahlzeiten, die ideale Sprechanlässe darstellen, finden immer weniger statt.

- Übermüdung, Nervosität, Aggression. Viele Kinder sind inbesondere zu Beginn der Woche übermüdet. Das zeigt sich in schlechten Schulleistungen, in Nervosität und Aggressivität. Pädagogen nennen diese Wochenanfangsauffälligkeit das „Montagssyndrom". Grund dafür ist vor allem der kindliche PC- und Fernsehkonsum am Wochenende. Für viele Eltern ist es nun einmal bequemer, die Kleinen vor den elektronischen Babysitter zu setzen, als sich mit ihnen zu beschäftigen. Dabei würden die Kinder Alternativangebote zu Fernseher und PC vermutlich vorziehen.
- Hyperaktive Verhaltensweisen und Konzentrationsmangel. Wenn man Lehrer befragt, wie viele Kinder hyperaktiv sind bzw. sich nicht konzentrieren können, dann lautet die Antwort: 30 Prozent. Im klinischen Sinne sind es aber nur 5 bis 10 Prozent aller Kinder, die tatsächlich an Hyperaktivität (Aufmerksamkeitsdefizitsyndrom mit Hyperaktivität oder ADHS) leiden. Bei allen anderen angeblich unaufmerksamen hyperaktiven Kindern sind die Ursachen für die Auffälligkeit andere Dinge, zum kleineren Teil biologische, zum größeren Teil Lebensbedingungen.

Sicher ist es nicht nur die Medienflut, die Kinder heute so unruhig und sprachlos macht, es spielen dabei auch andere Faktoren mit – wie zu wenig Bewegungsmöglichkeiten oder falsche Ernährung. Aber die vielen Medienreize, die Tag für Tag auf Kinder – und ihre Eltern – einprasseln, sind einer der Gründe. Und zwar einer der wichtigsten.

Die Zukunft des Umgangs mit Medien

Das Bild, das die so genannten Zukunftsforscher von unserem Umgang mit den Medien malen, ist vielfarbig. Die Wissenschaftler sind sich sicher, dass die Menschen, d. h. auch die Kinder, zukünftig sehr viel zielgerichteter mit den Medien umgehen werden, als sie das heute noch tun. Jeder wird, so ihre Meinung, zunehmend besser in der Lage sein, jedes Medium so einzusetzen, dass er einen Nutzen davon hat. Das wird die positive Seite der vermehrten Beschäftigung mit Medien sein. Leider wird es aber auch negative Folgen geben – so zumindest vermuten die Wissenschaftler:

- Abnahme der Konzentrationsfähigkeit
- Abnahme der Schreib- und Lesefähigkeit
- Abnahme der präzisen sprachlichen Ausdrucksfähigkeit
- Abnahme der außerhäuslichen Tätigkeit (Spielen)
- Abnahme der sozialen Kompetenz (positiver Umgang mit anderen Menschen)

(vgl.: Medienpädagogischer Forschungsverbund Südwest: Medien Zukunft, S. 28)

Eltern und Pädagogen müssen um diese Wirkungen wissen. Und sie müssen sich Gedanken darüber machen, ob und welche Möglichkeiten sie haben, diese wohl nicht zu vermeidenden „Nebenwirkungen" in Grenzen zu halten.

Lese- und Medienerziehung heute

Medienerziehung heute hat mit derjenigen früherer Generationen nur noch wenig gemeinsam. Sie muss sehr viel umfassender sein und alle zur Zeit existierenden Medien einschließen. Dem Aspekt der Leseerziehung muss dabei eine besondere Bedeutung zukommen. Denn Leseerziehung gelingt nur, wenn sie zeitlich lange vor der Erziehung zum Umgang mit anderen Medien beginnt. Audiovisuelle Medien drängen sich von allein ins Leben von Kindern, Bücher hingegen sind still und leise, an sie muss man gewöhnt werden, und zwar bevor die Kleinen in der Lage sind, die An- und Ausschaltknöpfe von Kassettenrekordern, Fernsehern und PCs zu bedienen. Später müssen Eltern Zeitschienen im Laufe des Alltags schaffen, in denen Bücher und das Lesen ihren Platz haben. Denn Kinder lernen durch Wiederholung, durch Routine und Rituale. Und die Eltern müssen sich bewusst sein, dass sie Vorbilder sind. Das gilt auch für das Lesen. Ist der Umgang mit dem Buch so selbstverständlich wie das

Zähneputzen oder das Anschalten des Fernsehers, dann ist Leseerziehung im Rahmen von Medienerziehung gelungen.

Die Bedeutung der Zeit
Erinnern Sie sich an Momo? Das Mädchen, das Michael Ende erfunden hat – das uns allen vorgeführt hat, welche Bedeutung die Zeit hat. Sicher. Und bevor wir Ihnen die einzelnen Medien vorstellen, deshalb noch etwas All-

Die Aufgaben von Leseförderung und Medienerziehung heute

Fasst man die Aufgaben von Eltern und Pädagogen in Bezug auf Lese- und Medienerziehung zusammen, so zeigen sich folgende Schwerpunkte:

1. Aus der Überfülle das **richtige** Medium auswählen, also Buch, Kassettenrekorder, CD-Player, Fernseher, Computer, Handy, sozusagen die Hardware, mit der man hantiert.
2. Maßstäbe für **gute** Bücher, MCs, CDs, CD-ROMs, Filme, Spiele, Internetseiten etc. entwickeln, d. h. den **richtigen** Inhalt bzw. die richtige Software für die ausgewählte Hardware.
3. Medien **in den Tag einplanen**. Das gilt für alle Medien, insbesondere für Bücher. Damit jedes Medium zu seinem Recht kommt, aber auch andere für ein Kinderleben wichtige Dinge wie Familienmahlzeiten, Bewegung, Spielen mit Freunden.

gemeines: Kein Medium ersetzt die Zeit, die Eltern ihren Kindern widmen. In allen Umfragen bei Kindern, was sie sich von ihren Eltern wünschen, steht immer an erster Stelle: Zeit. Kinder brauchen Eltern mit viel Zeit. Mit Zeit für Gespräche, für Ausflüge, für gemeinsame Mahlzeiten, d. h. für Aktivitäten, bei denen die Beziehung und der Austausch zwischen Kind und Erwachsenen im Vordergrund steht, nicht ein Medium. Medien gehören nur dann zu den gewünschten Aktivitäten, wenn ihr Gebrauch zu einer Gemeinschaftsaktion wird: Vorlesen, gemeinsame Kinobesuche, Gespräche über Bücher, Hörbücher, Musik, PC-Spiele.

Und: Kinder brauchen starke Eltern, die ihnen die Zeit vor den Bildschirmen begrenzen. Kinder brauchen Eltern, die ihnen auch mal Langeweile zumuten. Sie alle werden die Situation kennen, in der Ihr Sohn oder Ihre Tochter sagt: „Mir ist so langweilig. Was soll ich machen?' Da ist es verlockend zu sagen: „Schau doch mal, ob es etwas im Fernsehen gibt" Es gibt immer etwas im Fernsehen, vierundzwanzig Stunden lang. Aber Kinder müssen sich auch mal langweilen. Diese Erfahrung ist wichtig. Denn zu dieser Erfahrung gehört, dass fast jedem Kind nach zehn oder fünfzehn Minuten Genörgel etwas einfällt. Kinder haben viel Fantasie. Sie spielen gern, allein und mit anderen. Sie können fast in jeder Situation ein Spiel finden. Traurige Kinder sind nicht diejenigen, die nicht den ganzen Tag vor einem Bildschirm sitzen dürfen, sondern diejenigen, die nur noch das Knöpfedrücken beherrschen. Davon gibt es heute gar nicht so wenige.

Eltern als Vorbild

Eltern und Pädagogen haben noch eine Aufgabe: den eigenen Umgang mit den Medien zu reflektieren. Denn Eltern sind für Kinder Beispiel, und zwar in allen Lebensbereichen, in der Wertevermittlung, im Geschlechterrollenverständnis und auch im Umgang mit Medien. Wenn Kinder ihre Eltern vorwiegend vor dem Fernseher antreffen und der immer nebenbei läuft, werden sie nicht einsehen, warum sie selber nicht davor sitzen oder ihn ständig anlassen dürfen. Wenn Eltern keine Bücher, keine Zeitungen und Zeitschriften im Haus haben und sie nie mit ihrem Kind in die Bibliothek oder in die Buchhandlung gehen, werden sie auch ihr Kind nicht vom Nutzen des Lesens überzeugen. Eltern müssen also nicht nur die Kinder, sondern vielleicht auch ein bisschen sich selber erziehen. Eine Mutter drückte das so aus: „Man muss sich als Eltern immer so gut benehmen, das ist anstrengend." Stimmt. Auch wenn es vielleicht viel verlangt ist. Doch vermutlich haben sie genau deshalb dieses Buch gekauft.

Wie sieht Ihr Medienalltag aus?
Überlegen Sie bitte anhand des Arbeitsblattes, wie der Medienalltag in Ihrer Familie aussieht. Kopieren Sie das Blatt für alle Familienmitglieder und füllen Sie es für jedes getrennt aus. Überlegen Sie anschließend genau, wie viel Zeit wer mit welchem Medium verbringt und ob die Nutzung sinnvoll ist. Schauen Sie auch, ob während der Mediennutzung etwas parallel getan wird.

Vielleicht steht so etwas wie eine „Medienentrümpelung" bei Ihnen, bei Ihrem Partner oder bei einem Ihrer Kinder an. Das heißt, Medien werden nur noch ohne Paralleltätigkeit und mit Zeitbegrenzung genutzt. Das zu planen ist mühsam. Aber es lohnt sich.

Mediennutzung Familienmitglied _____

Uhrzeit	Medium	Paralleltätigkeit
6 Uhr		
7 Uhr		
8 Uhr		
9 Uhr		
10 Uhr		
11 Uhr		
12 Uhr		
13 Uhr		
14 Uhr		
15 Uhr		
16 Uhr		
17 Uhr		
18 Uhr		
19 Uhr		
20 Uhr		
21 Uhr		
22 Uhr		
23 Uhr		
24 Uhr		

Das Buch und das Lesen

D as Lesen ist die Voraussetzung für den Umgang mit Medien überhaupt. Nur wer sinnerfassend lesen kann, ist in der Lage, in der Schule alles zu verstehen, später im Beruf Korrespondenz zu erledigen und sich ständig weiterzubilden – was man heute „lebenslanges Lernen" nennt und was zu jedem Berufszweig dazugehört. Das Lesen ist auch die Grundlage für den Umgang mit dem PC. Nur wer sinnerfassend lesen kann, ist in der Lage, mit diesem Medium, das unser Leben noch viel mehr bestimmt als das Fernsehen, so umzugehen, wie es in Zukunft überall verlangt sein wird. Es gibt kaum noch einen Beruf, in dem PC-Kenntnisse nicht gebraucht werden. Mails schreiben, recherchieren, verschiedene Programme bedienen sind heute selbstverständliche Voraussetzungen für jeden, der arbeiten will. Ja, noch mehr, sie sind auch Bedingung für besser qualifizierte und höher bezahlte Arbeit. Die Wissenschaftler drücken dies so aus:

> *„Lesen ist eine elementare Kulturtechnik und repräsentiert als sprachliche Kompetenz eine grundlegende Form des kommunikativen Umgangs mit der Welt. Die vielfältigen Einsatzmöglichkeiten des Lesens machen es zu einem effektiven ‚Werkzeug' für die Aneignung, Organisation und Anwendung von Wissen. Darüber hinaus ist die intensive Teilnahme an der Lesekultur eine Voraussetzung für eine breite Partizipation am sozialen Leben und den kulturellen Gütern.*
> *Befunde des International Adult Literary Survey der OECD (2000) weisen beispielsweise darauf hin, dass Erwachsene, die im Lesen ein hohes Kompetenzniveau erreichen, tendenziell über ein höheres Einkommen verfügen und seltener von Arbeitslosigkeit betroffen sind als weniger gute Leser."*
> *(PISA 2000, Ländervergleich, S. 56)*

Es gibt also gute Gründe, Kindern und Jugendlichen Lesefähigkeit zu vermitteln. Bleibt die Frage, wie die Situation hierzulande aussieht. Gar nicht so schlecht, wie uns die Iglu-Studie aus dem Jahr 2002 kürzlich bewiesen hat (vgl. Bos u. a.: Erste Ergebnisse, 2003). Sie untersuchte das Leseverständnis von Viertklässlern in insgesamt 34 Ländern. In Deutschland wurden rund 10.000 Viertklässler an knapp 250 Schulen getestet – die immerhin auf Platz 10 im internationalen Vergleich landeten. (Österreich und die Schweiz nahmen nicht an der Studie teil.)

Zunächst unverständlich erscheint dann das Ergebnis der PISA-Studie, die sich u. a. der Lesefähigkeit der 15-Jährigen widmete. Geprüft wurde die Fähigkeit der Schüler, Informationen zu ermitteln, textbezogen zu interpretieren, zu reflektieren und zu bewerten. Deutschland landete auf Platz 22 und damit weit unter dem OECD-Durchschnitt.

Aber was uns noch viel erschreckender scheint, sind die Ergebnisse, wenn es um das Lesen zum Vergnügen geht.

Deutschland liegt bei dieser Untersuchung ganz weit hinten, auf dem viertletzten Platz. 42 Prozent aller 15-Jährigen in Deutschland lesen nicht gern! Man könnte zwar einwenden, das Lesen zum Vergnügen sei doch nicht wichtig, Hauptsache, die Jugendlichen lesen, wenn sie müssen. Aber die PISA-Studie zeigte eben auch auf, dass es einen direkten Zusammenhang zwischen der Zeit, die Schüler aufbringen, um zum Vergnügen zu lesen, und ihren Leseleistungen gibt.

Zieht man eine Schlussfolgerung, dann heißt diese, dass Leseförderung nicht am Ende der Grundschulzeit aufhören darf. Sie muss weitergehen. Und zwar sowohl zu Hause als auch in der Schule.

Testleistungen der Schülerinnen und Schüler in den Teilnehmerstaaten:
Gesamtskala Lesen

Teilnehmerstaat	M**	(SE)***	SD****	
Finnland	546	(2,6)	89	
Kanada	534	(1,6)	95	
Neuseeland	529	(2,8)	108	
Australien	528	(3,5)	102	
Irland	527	(3,2)	94	
Korea	525	(2,4)	70	
Vereinigtes Königreich	523	(2,6)	100	
Japan	522	(5,2)	86	
Schweden	516	(2,2)	92	
Österreich	507	(2,4)	93	
Belgien *	507	(3,6)	107	
Island	507	(1,5)	92	
Norwegen	505	(2,8)	104	
Frankreich	505	(2,7)	92	
Vereinigte Stataten	504	(7,0)	105	
OECD-Durchschnitt	500	(0,6)	100	
Dänemark	497	(2,4)	98	
Schweiz	494	(4,2)	102	
Spanien	493	(2,7)	85	
Tschechische Republik	492	(2,4)	96	
Italien	487	(2,9)	91	
Deutschland	484	(2,5)	111	
Liechtenstein	483	(4,1)	96	
Ungarn	480	(4,0)	94	
Polen	479	(4,5)	100	
Griechenland	474	(5,0)	97	
Portugal	470	(4,5)	97	
Russische Föderation	462	(4,2)	92	
Lettland	458	(5,3)	102	
Luxemburg	441	(1,6)	100	
Mexiko	422	(3,3)	86	
Brasilien	396	(3,1)	86	

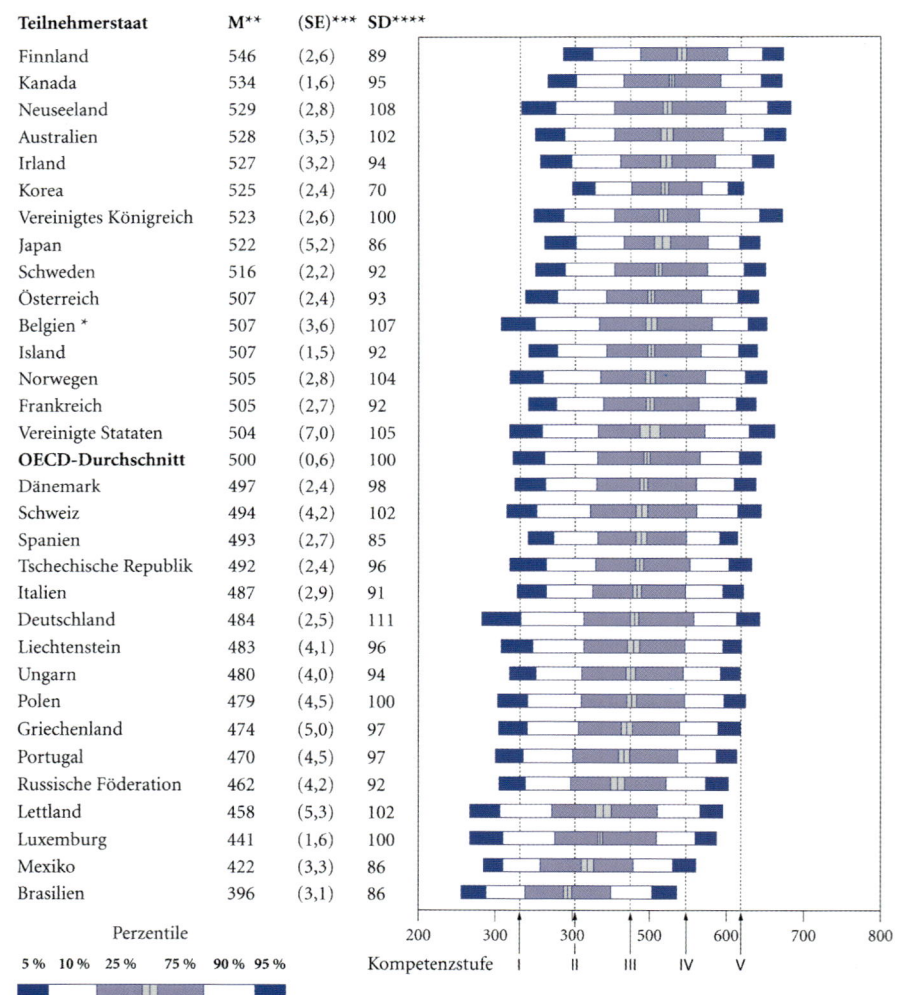

Perzentile

5 % 10 % 25 % 75 % 90 % 95 %

Kompetenzstufe   I   II   III   IV   V

Mittelwert und Konfidenzintervall (± 2SE)

* Im flämischen Teil Belgiens liegt der Mittelwert bei 532 (SE = 4,3/SD = 96), im wallonischen Teil
 bei 476 (SE = 7,2/SD = 111), ** **Mittelwert**, *** **Standardfehler**, **** **Standardabweichung**.
 Quelle: PISA 2000, Basiskompetenzen, S. 106

Prozentualer Anteil von Schülerinnen und Schülern, die angeben, sie würden nicht zum Vergnügen lesen

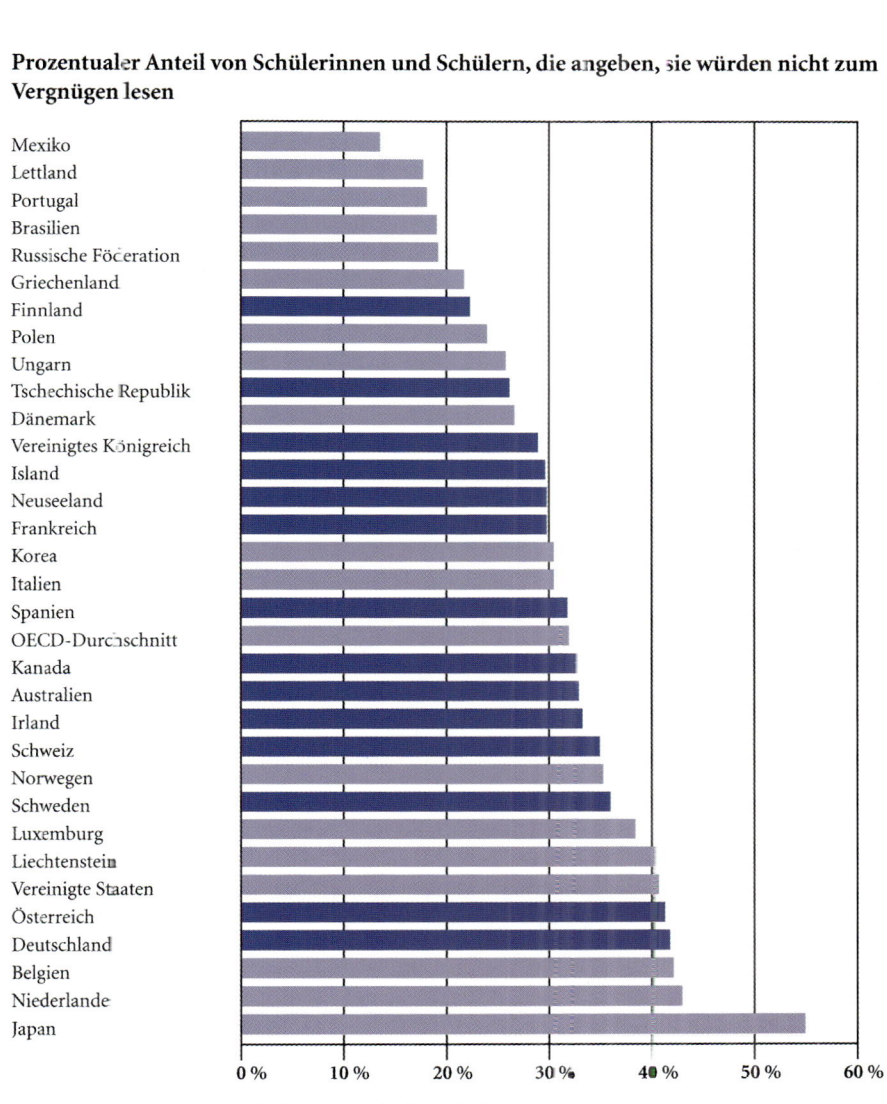

Schülerinnen und Schüler in Prozent

In diesen Ländern besteht ein vergleichbar hoher Zusammenhang zwischen der Zeit, die Schülerinnen und Schüler damit verbringen, zum Vergnügen zu lesen, und ihren Leseleistungen.

Quelle: PISA 2000, Basiskompetenzen, S. 114

Welche Bedeutung hat das Lesen für die Entwicklung von Kindern?

Aktiver Prozess
Das Lesen ist im Gegensatz zu vielen anderen Aktivitäten mit Medien ein aktiver Prozess, sowohl beim Zuhören, wenn jemand vorliest, als auch beim Selber-Lesen.

Sprachentwicklung
In erster Linie dient das Vorlesen und Lesen der Sprachentwicklung bei Kindern. Eltern von Kleinkindern wissen das, denn nicht selten erweitern die Kleinen mit Hilfe eines so genannten „Wörterbuchs" für diese Altersstufe ihren Sprachschatz enorm. Auch beim Zuhören von vorgelesenen Geschichten, insbesondere, wenn sie öfter wiederholt werden, prägen sich die Wörter ein. Und die Kinder fragen nach, wenn sie etwas nicht verstehen.

Fantasie
Es gibt kein besseres Mittel, um Fantasie zu wecken, um Kindern zu ermöglichen, sich eigene Welten auszudenken. Gerade beim Vorlesen von Texten ohne Bilder entwickeln die Kinder sozusagen ganze „Filme" im Kopf, an die sie sich meist noch nach längerer Zeit erinnern können. Kevin zum Beispiel hatte sich Harry Potter sowohl vorlesen lassen als auch als Kassette immer wieder gehört. Als dann der Film startete, wusste er beim Auftauchen der Figuren sofort, um

wen es sich jeweils handelte, und zwar, ohne dass die Figuren irgendetwas gesagt oder getan hatten. Er brauchte nur auf seine „Kopfbilder" zurückzugreifen.

Hier gelang übrigens, was die wenigsten Filmemacher schaffen: Filmfiguren so dazustellen, dass sie den „Kopffiguren" entsprechen. Meist sind die ausgedachten Figuren viel schillernder, viel differenzierter als diejenigen, die dann im Film auftauchen. Deshalb sind die Filmzuschauer in den allermeisten Fällen enttäuscht.

Aber sollen Kinder überhaupt eigene Bilder entwickeln? Ja sicher, nur wer Fantasie hat, kann kreativ sein und in letzter Konsequenz eine Gesellschaft voranbringen.

Empathie

Insbesondere in der Jungenerziehung ist ein weiterer Pluspunkt wichtig: Das Lesen fördert das Einfühlungsvermögen. Wissenschaftler haben hinreichend belegt, wie schwer es Jungen aufgrund ihrer genetischen Ausstattung fällt, sich in andere einzufühlen. Ein besseres Training dafür als durch Vorlesen und Darüber-Sprechen gibt es nicht. Ob in der Erwachsenen- oder Kinderliteratur: Es gibt keine mitreißenderen, verständlicheren Darstellungen von Gefühlen als im Buch. Keine wissenschaftliche Abhandlung, keine Statistik kann so gut „mitfühlen" lassen.

Problemlösefähigkeiten

Förderlich ist das Lesen auch für die Problemlösefähigkeiten. Vorausgesetzt, die Bücher entsprechen der Entwicklungsstufe der Kinder und sie thematisieren etwas, was diese gerade selber betrifft. Das passierte zum Beispiel bei Kristopher. „Als er mit vier Jahren in den Kindergarten kam, war dort eine Gruppe von Jungen, die sich sehr gemein

ihm gegenüber verhielt", erzählt die Mutter. „Da hat ihm ein Buch über einen kleinen Dino, der von einem fiesen großen tyrannisiert wird, sehr gut getan. Er erzählte dann: ‚Mama, heute war ich wie der kleine Dinosaurier, ich war viel schlauer als die anderen. Ich hab nicht gehauen, aber ich hab die anderen geärgert.'"

Das Lesen macht ein „Probehandeln" möglich wie bei einem Rollenspiel – mit dem auch Erwachsene Situationen üben und beherrschen lernen.

Gedächtnis

Lesen fördert aber auch das Gedächtnis, denn sowohl Zuhören als auch Selber-Lesen und das Verstehen einer Geschichte funktionieren nur, wenn man sich noch an den Verlauf der ganzen Handlung erinnern kann. Das fängt bereits bei den Kleinkindern an. Denn schon Eineinhalb- bis Zweijährige sind in der Lage, kleine Geschichten in ihrem kompletten Hergang zu verstehen. Selbst sie erinnern sich schon an die Schritte einer Handlung. Und verlangen nach dem Vorlesen in der richtigen Reihenfolge von vorne nach hinten.

Abstraktes Denken

Auch das schlussfolgernde und das abstrakte Denken gehören zur Positivliste des Lesens. Denn Kinder, die viel Welt im Buch geboten bekommen, lernen sich zu erinnern, zu verallgemeinern, Schlüsse aus Handlungen zu ziehen. Nicht selten unterbricht zum Beispiel der achtjährige Matthias seine Mutter beim Vorlesen, um den Fortgang einer Handlung vorauszusagen oder festzustellen: „Das ist so ähnlich wie bei ..."

Lernen können

Wie grundlegend die Lesefähigkeit auch für andere Fähigkeiten ist, darauf weist die PISA-Studie hin. Sie hat herausgefunden, dass Kinder und Jugendliche, die zu den „guten Lesern" zählen, sehr viel bessere „Lerner" sind als die „schlechten Leser". Denn die Ersteren können ihr eigenes Lernen besser planen und steuern. Lesen fördert das grundsätzliche Verstehen, und zwar fast jedes Themas.

Moralvorstellungen

Neben den eher rationalen Fähigkeiten bildet das Lesen auch moralische Werte aus. Das sind – bei guter Lektüre – u. a. Gerechtigkeitssinn, Kritikfähigkeit und Toleranz. Sicher gehören diese Werte zu den Fernzielen jeder Erziehung, auch derjenigen, die nicht mit Medien geschieht. Und doch gibt es vor allem für jüngere Kinder kaum ein sinnvolleres Mittel – neben dem Beispiel der Eltern –, andere Menschen, Problemsituationen und Lösungsvorschläge darzustellen als durch Erzählungen und Berichte in Büchern.

Flow

Beim Lesen kann man – und zwar mit dem Medium Lesen mehr als mit anderen Medien – den so genannten Flow erleben. Das ist ein Begriff des Psychologen und Glücksforschers Mihaly Csikszentmihaly. Gemeint ist damit die Erfahrung, in den freien Fluss einer Tätigkeit so vertieft zu sein,

dass alles andere seine Bedeutung verliert. Und dass man in diesem Flow glücklich ist. Kindern geht es so beim Spielen, Erwachsenen bei einer Arbeit, die ganz ihrem Wesen und ihrer Begabung entspricht. Und: Erwachsene und auch Kinder erleben das beim Lesen.

Etwas alltagssprachlicher drücken Jugendliche selber diesen durch Bücher vermittelten „Flow" aus (vgl. Von der Alphabetisierung zur Leseförderung, 2000, S. 24 f.). So berichtet die Gymnasiastin Julia von ihrer nachmittäglichen Lektüre: „Wenn ich ein Buch lese, versetze ich mich total da rein ... das ist für mich wie eine Art Miniurlaub." Und der 18-jährige Norbert ist „restlos glücklich", wenn er abends in seinem Bett in ein Buch versinkt. Der 19-jährige Alexander gar hat beim Lesen von „Der Fänger im Roggen" das Gefühl: „Das Buch könnte gut auch für mich geschrieben sein. Es ist verrückt."

Lesen macht Spaß

Für Kinder, die früh an Bücher gewöhnt wurden, sind Sich-vorlesen-Lassen und Selber-Lesen Tätigkeiten, die ihnen viel Spaß machen. All das Positive, das durch das Lesen gefördert wird – Sprache, Fantasie, Empathie, Problemlösefähigkeiten, Gedächtnis, Logik, Moral –, erlebt ein Kind dabei nicht als anstrengende Aufgabe, sondern als großes Vergnügen. Und wie die neueren Forschungen über Gehirnentwicklung bestätigen (was man schon länger weiß): Alles, was mit positiven Gefühlen gelernt wird, lernt ein Kind mit beiden Hirnhälften – und damit ist es intensiver und neuronal stärker im Gehirn verankert. Im Alltagsdeutsch heißt das: Was Spaß macht, fällt leicht.

Deshalb wünschen wir uns in allererster Linie, dass Eltern und Pädagogen Kindern vermitteln: Lesen macht Spaß! Denn nur nach dem, was Spaß macht, wird auch ein älteres Kind und ein Jugendlicher freiwillig verlangen.

Das stille Medium

Ganz im Gegensatz zu der langen Positivliste, die für das Lesen spricht, steht die Handlung Lesen selber. Denn Lesen heißt sich auf einen Text konzentrieren, und das ist etwas, was scheinbar nur alleine geht. Und „einsame" Handlungen stehen im Widerspruch zum Familienleben und zu dem, was Kinder mit Freunden gemeinsam tun. Familien und Freunde wollen sich unterhalten, etwas erleben, sich gemeinsam entspannen. Leider geschieht dies zunehmend seltener mit dem

Medium Buch – es gibt immer weniger Familien, die gemeinsam vorlesen oder schmökern. Obwohl Kinder das sehr gerne mögen. Im Wohnzimmer auf dem Sofa sitzen, in einem eigenen Buch lesen oder vielleicht auch in den Zeitschriften der Eltern blättern, das machen sie mindestens ebenso gern, wie sich im eigenen Zimmer mit einem Buch verkriechen. Es ist der Fernseher, der das Leben in den meisten Wohnzimmern dominiert.

Genauso still wie das Lesen ist das Medium selber. Es tönt und klingt und sendet nichts. Kein Knopf verlockt zum Anschalten und dann Konsumieren. Egal in welchem Alter, ob Baby oder Greis, ein Buch muss man in die Hand nehmen, anschauen, sich auf Bild und Text einlassen. Damit hat es das Buch unter der zunehmenden Anzahl audiovisueller Medien, die so leicht für sich werben, nicht nur ein bisschen, sondern ziemlich schwer.

> Das Buch ist ein Medium mit vielen Vorteilen: Es verbraucht nach der Herstellung keine Energie mehr, es stört niemanden, wenn man es konsumiert, es ist jederzeit verfügbar und passt gut zum modernen Leben mit vielen Reisen. Was lässt sich so einfach mitnehmen wie ein Buch? Es kann ja kein Zufall sein, dass so viele Menschen in Bussen und Bahnen keine Zeitung, keine Zeitschrift und keinen Laptop, sondern ein Taschenbuch auf ihren Knien liegen haben.

Konsequenzen für die Leseförderung und die Medienerziehung

Über die Gründe, warum eine Erziehung zum Lesen notwendig ist, herrscht unter Pädagogen, Psychologen, Wissenschaftlern und vielen Eltern Einigkeit. Auch die Ursachenforschung, warum heute weniger gelesen wird (und einige wenige Menschen immer mehr lesen) als in früheren Zeiten, zeigt eindeutige Ergebnisse. Genauso eindeutig sind die Forderungen verschiedener Langzeituntersuchungen.

Prägende Phasen

Da gibt es zum einen die psychologischen Langzeituntersuchungen, die beobachten, wann Kinder besonders gut auf Lektüre reagieren und das Sich-vorlesen-Lassen und Selber-Lesen entdecken. Herausgefunden haben sie, dass Kinder in bestimmten Phasen zum „habituellen" – gewohnheitsmäßigen – Leser gemacht werden: im Kindergartenalter, unmittelbar nach dem Lesenlernen im Grundschulalter und in den Jahren nach der

Pubertät (ab ca. 15 Jahren). Geschieht die Leseförderung nicht kontinuierlich und besonders intensiv während dieser Phasen, so wird ein Kind das Interesse am Lesen entweder gar nicht erst aufbauen oder wieder verlieren. Jedenfalls ist es bei den meisten so. Nur 10 Prozent der Erwachsenen, die gern lesen, sind nicht als Kind an das Lesen herangeführt worden.

Familiäre Lesekultur

Auch die PISA-Studie bietet nicht nur eine Darstellung des Status quo, sondern hat versucht herauszufinden, welche Faktoren zu den schlechten Ergebnissen der deutschen Jugendlichen bei der Lesekompetenz geführt haben. Als Ergebnis stellt die Studie fest: „Lesen ist eine kulturelle Praxis, deren Erwerb ganz entscheidend auf stützende soziale Kontexte angewiesen ist." (PISA 2000. Basiskompetenzen 2001, S. 133) Diese Kontexte sind die Familie, in der das „Lesen zum selbstverständlichen Anteil der sozialen Wirklichkeit" (ebd., S. 134) werden muss, später Kindergarten und Schule. Die Studie fordert eine „Lesekultur", d. h. Anregungen und Unterstützungsmöglichkeiten, Gespräche über Verständnisschwierigkeiten, Austausch von Eindrücken, Schärfen des eigenen Urteils. Und sie fordert einen „Konsens, dass Lesen Freude und Genuss bereiten kann".

Für Eltern bedeutet das: Sie sollen Kindern zeigen, dass das Lesen etwas Wunderbares ist, etwas, das vielleicht ein bisschen Mühe macht, aber bei dem man mit großartigen Erlebnissen belohnt wird, und zwar mit eigenen Welten und mit Identifikationsfiguren. Insbesondere Letztere führen Lebenshaltungen vor: so frech wie der Michel, so fantastisch wie Pippi, so einfallsreich wie Kalle Blomquist, so witzig wie das Sams, so mutig wie Harry Potter.

Man enthält Kindern etwas vor, wenn sie diese Personen nicht kennen lernen dürfen. Ganz abgesehen davon, dass Kinderbücher auch Teil einer Landes- und Weltkultur sind, mit der Kinder aufwachsen sollten.

Die richtige Lektüre

Als Konsequenz aus den Forschungen zeigt sich auch: Das richtige Buch muss es sein. Über das Alter bis sechs Jahre gibt es keine verlässlichen Angaben, aber darüber hinaus wissen wir recht gut, welche Bücher für welche Altersstufe geeignet sind. So bevorzugen jüngere Mädchen Tier- geschichten, Zauber- und Hexengeschichten sowie Märchen. Jungen bis 13 Jahre hingegen widmen sich vor allem Detektivgeschichten, Krimis und Sachbüchern. Ab 14 Jahren, das hat der Börsenverein des Deutschen Buchhandels (vgl. Börsenblatt 9/2003, S. 14 f.) veröffentlicht, sind bei jun- gen Frauen Titel über Liebe, Freundschaft und Familie der Renner, wäh- rend die Jungen überproportional oft zu Sachbüchern und Krimis greifen. Was aber in diesem Zusammenhang noch viel wichtiger ist: Im Jugendalter sind es die Freunde, die die Bücher empfehlen! Wollen Eltern Einfluss auf die Lesegewohnheiten ihrer Kids üben, dann müssen sie das vorher machen! Bei älteren Jugendlichen können sie zwar noch Gespräche über Bücher führen, und das möchten die jungen Leute dann nachweislich auch, aber bei der Auswahl spielen die Eltern keine große Rolle mehr. Auch ob überhaupt gelesen wird, hängt stark von der Clique der Freunde ab. Im Klartext: Leseförderung, die bis zum Jugendlichenalter nicht stattgefun- den hat, lässt sich von Elternseite nicht mehr nachholen.

Entwicklungsfenster

Das zeigen auch die Ergebnisse der noch recht neuen Gehirnforschung. Man weiß, dass das Gehirn schon vor der Geburt und insbesondere danach permanent unzählige neue neuronale Verbindungen bildet. Diese „Datenbahnen" im Gehirn sind zuständig für bestimmte Fähigkeiten. Sie können aber nicht jederzeit angelegt werden, sondern insbesondere in der Kindheit und auch dann nur zu bestimmten Zeiten. Diese Zeiten nennen die Wissenschaftler „Entwicklungsfenster", die, sind sie geschlossen, nur noch mühsam oder gar nicht mehr geöffnet werden können. Das Gehirn ist danach sozusagen „fertig". Bestimmte Fähigkeiten können also nur zu bestimmen Zeiten gelernt werden. Man kann diese Fähigkeiten als Erwachsener noch verbessern, aber der Rahmen, innerhalb dessen man das tun kann, ist festgelegt.

Was das Lesen anbetrifft, so ist das Entwicklungsfenster im Alter von drei Jahren an geöffnet und bleibt es bis zum 13.–15. Lebensjahr, je nach Kind. Eltern und ErzieherInnen kommt somit die Aufgabe zu, Kindern in dieser Zeit das Lesen nahe zu bringen. Und damit es in dieser Zeit geschehen kann, müssen Mütter und Väter das Lesen schon vorher zu einer selbstverständlichen Tätigkeit machen. Denn genau im Kindergartenalter beginnen die anderen Medien in heftige Konkurrenz mit dem Buch zu treten. Ab dem Alter von drei oder vier Jahren sind Kinder nämlich in der Lage, auf all die tönenden und blinkenden Maschinen der anderen Medien zuzugreifen.

Fazit

Alle Untersuchungen besagen: Eltern und Pädagogen haben die Aufgabe, Kinder und Jugendliche während der gesamten Kindheit und Jugend beim Lesen zu unterstützen. Sie müssen sich bewusst sein, dass sie Kindern und Jugendlichen wichtige Chancen nehmen, wenn sie ihnen das Lesen nicht nahe bringen.

Eltern sollten so früh wie möglich mit der Gewöhnung an das Buch beginnen und werden im Idealfall vom Vorleser und Buchauswähler zum Begleiter, der mit dem dann selber lesenden Kind oder Jugendlichen Gespräche über Bücher führt.

Pädagogen sind für Leseanregungen und Vertiefung prädestiniert. Sie können vermitteln, dass Lesen etwas Wichtiges und für das Leben Entscheidendes ist.

Im besten Fall zeigen alle Erwachsenen, ob als Eltern, als ErzieherInnen oder als LehrerInnen, wie viel Spaß das Lesen machen kann.

Und alle Erwachsenen sind immer, ob sie es wollen oder nicht, Vorbild. Kinder und Jugendliche wissen und spüren, ob der Erwachsene vor ihnen Bücher liebt oder nicht. Auch das hat Einfluss auf den „Spaßfaktor".

Uwe Naumann: Verführung zum Lesen

Bücher, das ist eine Binsenweisheit, können ein pures Vergnügen sein – aber sie können auch weit mehr. Bücher können zum „Lebensmittel" werden oder zum Wegweiser, zum Denkanstoß oder Stolperstein, zum Auslöser vielleicht für wichtige Entscheidungen."

(Naumann, Verführung zum Lesen, 2003, S. 11)

MC, CD und das Zuhören

Das Hören gehört zu einem der fünf Sinne, mit denen wir die Welt wahrnehmen. Bei Kindern hat das Hören einen höheren Stellenwert als bei Erwachsenen. Denn bei Kindern ist der Hör-Sinn früher ausgebildet als der Seh-Sinn. Wenn Kinder z. B. eine Fernsehsendung mit sehr dramatischer Musik sehen, so dominiert bei ihnen das Gefühl, das sie zur Musik haben. Kleineren Kindern macht dramatische Musik schlichtweg Angst, egal, wie harmlos die Bilder dazu sein mögen.

Empathie

Doch das Hören ist nicht nur einer unserer Sinne, es ist wichtig für das menschliche Zusammenleben. Nur wer zuhören kann, der versteht, was andere sagen. Nur wer zuhören kann, der lernt selber sprechen. Und nur wer zuhören kann, der ist zu dem fähig, was wir soziale und auch kommunikative Fähigkeiten nennen. Denn bei einem richtigen Gespräch gibt es sowohl einen Sprecher als auch einen Zuhörer. Und der Zuhörer muss in der Lage

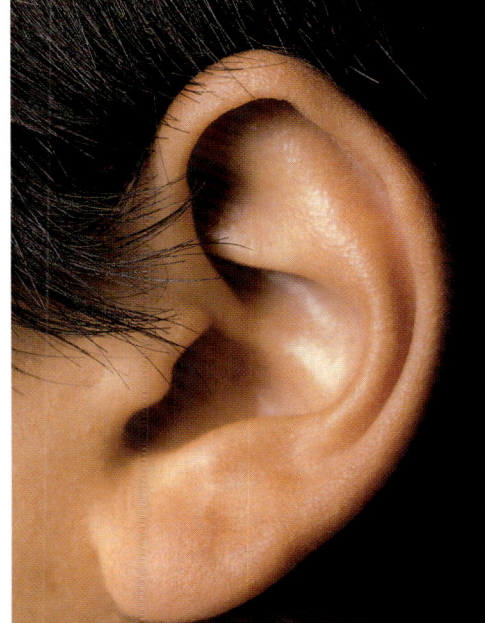

sein, nichts zu sagen, das Gesagte des anderen auf sich wirken zu lassen, sich in den anderen einzufühlen. So entsteht Empathie.

Man weiß, dass Kinder und Jugendliche, die nicht zuhören können, gewaltbereiter sind. Und das hängt letztendlich mit der nicht vorhandenen Fähigkeit zusammen, sich in andere einzufühlen, ihre Schmerzen und Nöte und Gefühle wahrzunehmen. Sie können dem anderen nicht zuhören, ihn nicht als Person an sich heranlassen. Es heißt auch noch etwas anderes, und das weiß man aus der Jungenforschung: Vor allem Jungen hören nicht auf sich selber, auf ihren Körper, auf ihre Gefühle. Sie werden zu „stummen" Jungen, die nicht auf sich selber hören und deshalb Krankheiten überspielen und sinnlose Gefahren auf sich nehmen.

Fantasie

Zuhören und Hören haben noch eine andere Bedeutung. Beides regt eigene innere Bilder und damit die Fantasie an – genau wie beim Lesen. Zuhören ist heute eine unterentwickelte Fähigkeit, denn wir leben in einer stark von visuellen Reizen geprägten Welt. Ob Fernsehen oder Werbung – überall geht es um Bilder und Schein.

Zuhören-Können hat auch etwas mit Konzentration zu tun. Kinder, die das Zuhören gut beherrschen, die lange einem Gespräch oder einer vorlesenden Person lauschen können, sind auch in der Lage, sich auf etwas anderes zu konzentrieren. Sei es, dass sie einem Text „zuhören", indem sie seine Worte auf sich wirken lassen, oder dass sie sich auf ein Spiel einlassen. Zuhören heißt, die Welt mit Klängen und Lauten – auch mit den vorgestellten und nicht real gehörten – aufzunehmen.

Emotionale Intelligenz

Das Zuhören-Können ist mittlerweile nicht nur im familiären Zusammenleben, sondern auch in Arbeitsverhältnissen verlangt. Das Zuhören-Können gehört wie bereits gesagt zu den heute überall erwarteten kommunikativen Fähigkeiten. Teamarbeit funktioniert nicht ohne Zuhören. David Goleman, weltweit berühmt durch seine Bücher zur emotionalen Intelligenz, hat herausgefunden, dass von Arbeitnehmern neben fachlicher Qualifikation eine Menge nichtfachlicher Fähigkeiten verlangt werden. Und an allererster Stelle stehen dabei Zuhören-Können und mündliche Kommunikation, unmittelbar gefolgt von Anpassungsfähigkeit und kreativen Reaktionen auf Probleme.

Wie können Eltern das Zuhören fördern?

Eltern trainieren das Zu-
hören mit ihrem Kind,
ohne es zu wissen. Beim
Säugling zunächst, indem
sie selber dem Baby zuhö-
ren – und so herausfinden,
was das Kind will. Schon
bald führt das Kind non-
verbale Gespräche mit den
Eltern, verfügt es doch selber noch nicht über Worte.
Aber auch Schreien, Jam-

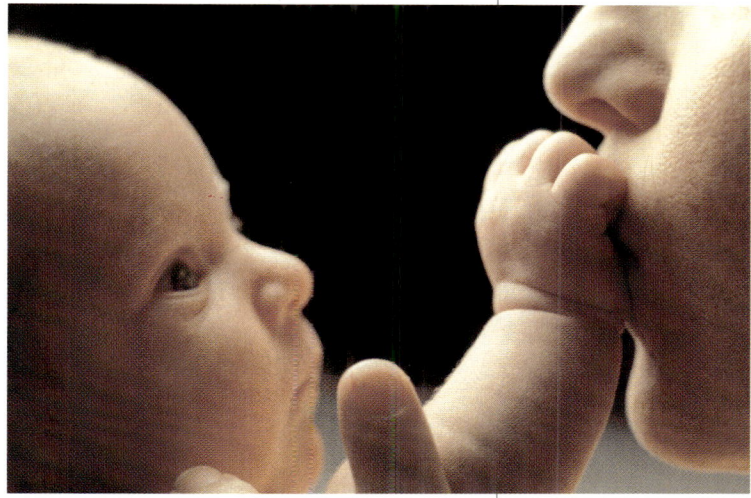

mern, Seufzen, Murmeln, Lallen, Schmunzeln und Lachen verstehen
Eltern bei ihrem Kind. Und später hören sie dem Kind bei richtigen
Gesprächen zu.

Aber auch das Kind hört zu, und zwar schon den ersten Worten der
Eltern, auch wenn es den Inhalt nicht versteht. Es erkennt schon sehr bald
die Stimmen der Eltern und auch, ob ein anderer es gut mit ihm meint.
Und ein Nein ist ihm bereits mit sechs Monaten sehr klar in seiner Bedeutung.

Eltern unterstützen das Kind in seiner Fähigkeit zuzuhören also in
erster Linie, indem sie sich ihm ganz zuwenden und mit ihm reden, mit
ihm Zwiesprache halten. Je mehr mit einem Kind gesprochen wird, desto
besser kann es selber sprechen. Das gilt auch für die Zeit, in der das Kind
selber sich noch nicht mit Worten äußern kann.

Sprachentwicklungsverzögerungen
Dass das Miteinandersprechen in Familien heute keineswegs mehr selbstverständlich ist, beweist eine Zahl: Ein Fünftel aller Kinder, die eingeschult
werden, haben massive Sprachentwicklungsverzögerungen. Die Ursache
ist in den meisten Fällen, dass die Eltern sich zu wenig miteinander und
mit den Kindern unterhalten. In vielen Familien dominiert der Fernseher
das Gespräch – und beim Fernsehen redet man nicht mehr miteinander,
schaut sich nicht mehr an, sondern spricht in Richtung Fernseher. Nicht
selten beschränken sich dann die Gespräche auf Aufforderungen.

Das Vorlesen als Zuhör-Training

Für das Zuhören-Lernen gibt es ein unübertreffliches Mittel das Vorlesen. Kinder lernen beim Vorlesen nicht nur die Bücher kennen, sondern eben auch diese ganz elementare Fähigkeit, Worte aufzunehmen und zu verarbeiten. Wie Vorlesen in den einzelnen Altersstufen aussehen sollte, erfahren Sie in Kapitel 4: Wie Leseförderung zu Hause aussehen kann.

Hörbücher

Nun haben Eltern aber nicht immer Lust und Zeit vorzusingen und vorzulesen. Deshalb greifen viele Mütter und Väter auf Hörkassetten zurück. Mit großem Erfolg bei den Kleinen übrigens, denn das ist meist das erste Medium, über das sie selber bestimmen dürfen. Fast in jedem Kinderzimmer steht ein Kassettenrekorder. Und schon ein einjähriges Kind ist durchaus in der Lage, den An-Knopf zu drücken. Ob es den Aus-Knopf findet, ist allerdings keineswegs gewährleistet.

Der Buchmarkt hat auf den Bedarf reagiert. Zunächst gab es Hörkassetten für Kinder ab drei oder vier Jahren, häufig angelehnt an Serien wie Benjamin Blümchen. Etwas später dann gab es die ein oder andere gute Hörfunkproduktion, die den Weg auf die Kassette fand. Seit einigen Jahren nun boomt der Hörbuchmarkt. Der Grund war zunächst, dass vor allem junge Berufstätige mit wenig Zeit zu Hörkassetten griffen, weil sie weder Zeit noch Muße hatten, längere Bücher zu lesen – sie auf Kassette im Autoradio zu hören, war sozusagen *die* Lösung für sie. Dann begannen die Verlage, die Altersgrenzen nach unten zu verschieben.

Das Gute an dieser Entwicklung ist, dass die Hörfunksender ihre Schätze aus den Archiven geholt haben. Die Hörspielabteilungen produzieren seit eh und je sehr sorgfältig und mit ausgezeichneten Sprechern besetzte Lesungen und Hörspiele. Doch diese wurden bis vor nicht allzu langer Zeit einmal gesendet, und dann konnte man sie nicht mehr hören. Die sind jetzt alle auf dem Markt. Das wiederum hat das Hörbuch noch attraktiver gemacht. Und so ist es heute selbstverständlich, dass auch Schauspieler wie Dirk Bach und Heike Makatsch Hörbücher lesen.

Hörbücher gibt es für Kinder ab einem Jahr, dann sind es allerdings keine vorgelesenen Texte, sondern Musikkassetten mit Liedern. Für Kinder ab zwei bis drei Jahren können schon erste Erzählungen geeignet sein. Ab vier Jahren sind die Kleinen in der Lage, auch längeren Texten zuzuhören. Im Grundschulalter wird das Hörbuch meist von Musiksendungen im Radio oder von CDs abgelöst. (Wann genau, ist von Kind zu Kind verschieden.) Manche Jungen und Mädchen hören dennoch weiter Hörbücher – wenn die Eltern sie damit versorgen.

Selbstverständlich gibt es auch Radio speziell für Kinder und Jugendliche. Leider haben sie keine große Bedeutung, d. h. wenige Hörer, obwohl sich die Kinderfunkmacher viel Mühe geben. Bei den Sendungen für Jugendliche sieht die Situation etwas besser aus. Auch auf diese wird viel Sorgfalt verwandt, und die Jugendlichen quittieren es, indem sie diese Sendungen häufig einschalten. Mit hehrer Kultur haben diese Sendungen allerdings wenig gemein. Sie sind dominiert von aktueller Popmusik.

Konsequenzen für die Leseförderung und die Hörerziehung

Eltern müssen mit ihren Kindern sprechen, so früh und so viel wie möglich, und zwar nicht in der Babysprache, sondern in ganzen Sätzen. Wichtig dabei: Auch Mütter und Väter müssen ihren Kindern zuhören!

Familien sollten versuchen, gemeinsame Redeanlässe zu schaffen. In vielen Haushalten gibt es keine einzige gemeinsame Mahlzeit am Tag mehr, geschweige denn, dass gekocht wird. Und gerade diese Mahlzeiten sind es, die sich am besten für Familiengespräche eignen. Behalten Sie das Ritual des gemeinsamen Essens bei, auch wenn es Ihnen altmodisch erscheinen mag.

Viele Kinder lieben Hörkassetten, ob mittags während der Pause nach Kindergarten oder Schule oder zu anderen Zeiten. Nicht für sinnvoll halten wir, wenn der Druck auf den Kassettenrekorder als ständige Geräuschkulisse selbstverständlich wird. Dann hören Kinder nicht mehr zu, dann haben sie sich schlichtweg an den Klangteppich im Hintergrund gewöhnt. Das mag bei Jugendlichen mit

Musik an der Tagesordnung sein, für jüngere Kinder mit Textlesungen ist es nicht empfehlenswert. Wir wissen aber, dass solche Ratschläge nicht immer und überall durchzusetzen sind.

Es gibt allerdings eine Situation, die geradezu prädestiniert ist für das Hören von Kassetten – und nicht das Gameboy-Spielen! –: längere Autofahrten. Selbst die unruhigsten Kinder überstehen lange Fahrten problemlos, wenn sie dabei Kassetten lauschen dürfen. Manche geben sich mit altbekannten zufrieden, aber neue sind in solchen Situationen natürlich besonders willkommen.

Das beste Hörtraining ist und bleibt das Vorlesen, auch hier gilt: so früh und so viel, wie Eltern leisten können und wollen. Je älter die Kinder sind, desto mehr gelingt einem Kind das Zuhören. Denn es gehört ja viel dazu: still sitzen, sich auf einen Text einlassen, sich Figuren und Situationen vorstellen, sich einfühlen in die Gedanken und Gefühle anderer. Eines ist hier wichtig: Man kann nicht zu viel vorlesen! Das ist nicht möglich. Vorlesen ist sozusagen „nebenwirkungsfrei". Es hat ausschließlich positive Effekte!

Informationen über Hörbücher und Kinder- und Jugendradio

www.Hoergold.de
Verbund der Hörbuchverlage, Internetseite
Mit Übersicht nach Zielgruppe (Kinder, Jugendliche, Erwachsene), Titel, Verlag, Autor, Sprecher, hr2-Hörbuch-Bestenliste und weiteren Kriterien (keine Bestellungen möglich!)

hr2-Hörbuch-Bestenliste
Hessischer Rundfunk, monatlich
Plakat, kostenlos
Bezugsadresse: HR, Kultur und Hörspiel, Stichwort Hörbuch, 60222 Frankfurt, Tel: 069-1553515, www.hr2.de.

hr2-Hörclubs
Modellversuch an hessischen, bayerischen und thüringischen Schulen
Informationen über: hr2, Bildung, Stichwort Hörclubs
60222 Frankfurt, Tel. 069-155-3938, www.hr2.de

Das Fernsehen und das Zuschauen

Im Jahr 2002 sahen Erwachsene im Durchschnitt 213 Minuten Fernsehen pro Tag, das sind über drei Stunden. Und Kinder und Jugendliche zwischen 3 und 13 Jahren 96 Minuten, das sind über eineinhalb Stunden. Das Medium Fernsehen muss also viel Faszinierendes bieten, sonst würden nicht so viele Menschen so viele Stunden ihres Tages damit verbringen.

Der Medienpädagoge Stefan Aufenanger hat einmal gesammelt, was am Fernsehen positiv zu bewerten ist. Das Fernsehen:

- informiert
- bringt zum Nachdenken
- unterhält
- zeigt mit seinen Bildern andere Welten und Kulturen
- inspiriert durch nie gesehene Bilder
- verbreitet Werbung

(vgl. Gutes Fernsehen, schlechtes Fernsehen, ²1999, S. 13)

Bis auf den letzten Punkt stimmen wir mit dieser Positivliste überein.

Der schlechte Ruf des Fernsehens

Irritierend ist, dass so viele Menschen so viele Stunden vor dem Fernseher verbringen – und zwar allein oder mit ihren Kindern –, aber dass genau dieses meistgenutzte Medium von allen den schlechtesten Ruf hat.

Erwachsene untereinander brüsten sich nicht gerade damit, dass sie vorgestern, gestern, heute und vielleicht morgen wieder alle ihre Freizeit vor dem Sofakino (der Mattscheibe, dem Flimmerkasten ...) gesessen haben und sitzen werden. Und fragt man Eltern, was sie vom Fernsehkonsum ihrer Kinder halten – nämlich wenig –, so wundert man sich schon sehr, dass sie diesen zulassen.

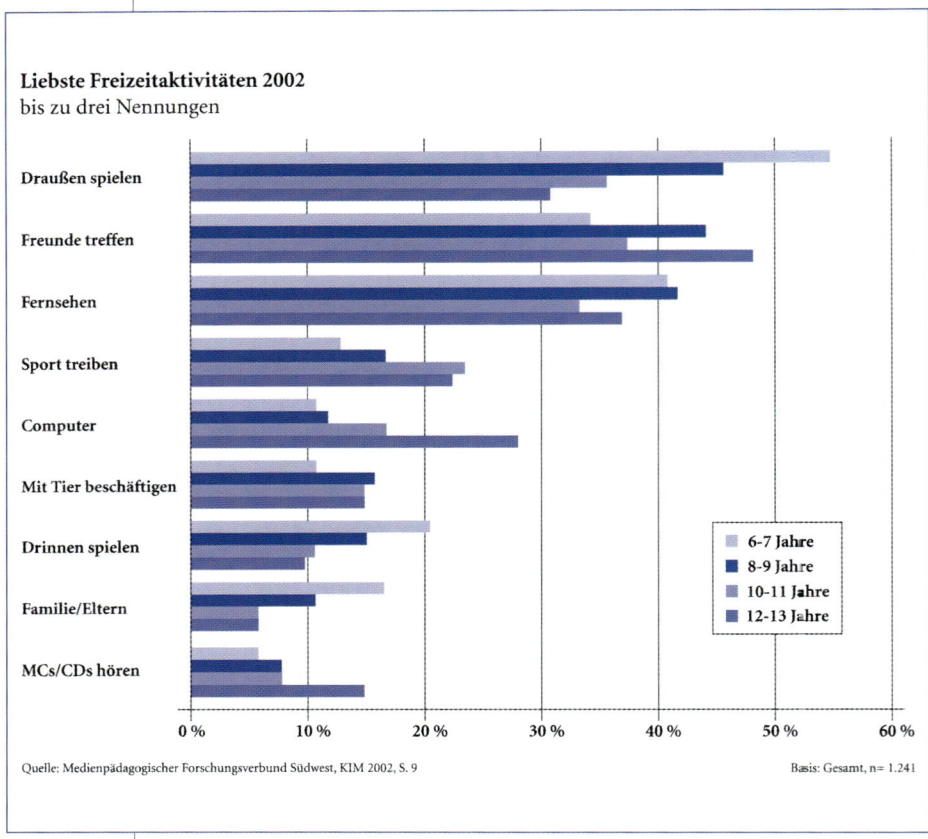

Liebste Freizeitaktivitäten 2002
bis zu drei Nennungen

Draußen spielen

Freunde treffen

Fernsehen

Sport treiben

Computer

Mit Tier beschäftigen

Drinnen spielen

Familie/Eltern

MCs/CDs hören

■ 6-7 Jahre
■ 8-9 Jahre
■ 10-11 Jahre
■ 12-13 Jahre

0 %   10 %   20 %   30 %   40 %   50 %   60 %

Quelle: Medienpädagogischer Forschungsverbund Südwest, KIM 2002, S. 9   Basis: Gesamt, n= 1.241

85 Prozent der Befragten meinen, Kinder sähen zu viel Gewalt, 70 Prozent meinen, Kinder sähen überhaupt zu viel fern. Fernsehen mache nervös und passiv und die Eltern seien verantwortlich für den hohen Fernsehkonsum, meinen dann auch noch jeweils knapp 50 bzw. 60 Prozent.

Vieles davon stimmt. Die zahlreichen Untersuchungen bestätigen es. Bei den wichtigen Kritikpunkten stehen ganz vornan die Werbung und die Gewalt. Das ist die inhaltliche Seite. Aber daneben gibt es Wirkungen des Vielfernsehens, die mit der Tätigkeit an sich zu tun haben.

Da ist zum einen die Zeit, die Kindern für andere Tätigkeiten wie Draußen- und Mit-Freunden-Spielen verloren geht.

Das viele Sitzen und häufig Davor-Essen führt bei immer mehr Kindern zu Übergewicht, das oft mit dem Fernsehkonsum zusammenhängt, wie man recht sicher weiß.

Das hypnotische Verhalten vor dem Fernseher

Das Fernsehen ist eine unnatürliche Tätigkeit, die vor allem kleinen Kindern nicht gut tut. Der amerikanische Psychologe Terry Brazelton hat Dreijährige untersucht, die eine halbe Stunde fernsehen. Ergebnis: Die Kinder sind danach emotional völlig erschöpft. Der Grund ist, dass sich Herz- und Atemfrequenz beim Starren auf den Bildschirm und dem Verfolgen der Handlung zunächst erhöhen und bald darauf auf einem niedrigen Level „einfrieren". D. h. die wichtigsten Körperfunktionen sind reduziert, die Kinder verhalten sich wie hypnotisiert. Dieser Zustand schützt die Kinder vor der Überstimulierung durch die vielen Reize des Fernsehens. Eltern erkennen diesen Zustand, wenn sie versuchen, ihre Kinder vor dem Fernseher anzusprechen. Die Kinder reagieren häufig gar nicht. Hören sie dann auf fernzusehen, explodieren sie, toben herum, weil ihre Körperfunktionen jetzt wieder normal sind bzw. sogar überdeutlich aktiv werden, um die Kinder „aufzuwecken".

In unserem Zusammenhang Leseförderung erscheint eine Untersuchung über die Wirkungen des Fensehkonsums auf die Lesefähigkeit bedenklich. Zwei Jahre lang wurden Kinder der Klassen 1 bis 3 beobachtet. Es kristallisierte sich heraus, dass, je älter die viel sehenden Kinder wurden, sie desto schlechter bei den Fähigkeiten abschnitten, die mit dem Lesen zusammenhängen. Dazu gehörten Wortergänzungsaufgaben, Reimaufgaben, Lesegeschwindigkeit und Leseverständnis. Die Forscher vermuten auch, dass übermäßiger Fernsehkonsum im Kindergartenalter Einfluss auf die Fähigkeiten hat, die zum Lesenlernen überhaupt nötig sind, also Verständnis von Lauten oder Kenntnis von einzelnen Buchstaben. (vgl. Hurrelmann, 2002, S. 236 ff.)

Konsequenzen für die Lese- und Medienerziehung

Kinder zu einem vernünftigen Fernsehkonsum zu erziehen, bedeutet für Eltern viel Anstrengung. Um das Fernsehen drehen sich fast so viele Familienkräche wie um Hausaufgaben und Noten. Es geht hierbei um zwei Dinge: um die Auswahl der Sendungen und um die Fernsehzeit.

Begrenzung der Fernsehzeit

Bei der Fernsehzeit sind sich die Pädagogen und Wissenschaftler mittlerweile ziemlich einig: für Kinder im Kindergartenalter nicht länger als eine halbe Stunde, für jüngere Grundschulkinder eine Stunde und für ältere Grundschulkinder und Kinder weiterführender Schulen eineinhalb Stunden, ab der Pubertät ist es Verhandlungssache. Allerdings, und das ist heute der Knackpunkt dabei: Das betrifft die gesamte Bildschirmzeit. Und da gehört auch der Computer dazu. Außerdem empfehlen die Pädagogen: kein Fernsehen vor drei Jahren!

Wir wissen, dass diese Ratschläge in vielen Haushalten nicht durchzusetzen sind. Vor allem nicht in denjenigen mit mehr als einem Kind. Jüngere Kinder schauen fast immer mit ihren Geschwistern mit, es sei denn, man beschäftigt sich extra mit ihnen.

Die Probleme bei längeren Bildschirmzeiten sind zum einen das oben beschriebene hypnotische Verhalten. Fast alle Kinder sind nach dem Fernsehen und dem Computerspielen aufgedreht, unruhig. Und das, obwohl viele Eltern meinen und ja zunächst auch wahrnehmen, dass sich gerade die hippeligen vor dem Fernseher endlich einmal ruhig benehmen. Und zum Zweiten: Nur wenn es Eltern gelingt, die Zeit vor den so verführerischen Bildschirmen – Fernseher und Computer – zu reglementieren, haben die Kinder überhaupt noch die Möglichkeit, sich mit Lesen und Büchern auseinander zu setzen.

Versuchen Sie, für das Fernsehen eine feste Zeit einzurichten, zum Beispiel abends nach dem Spielen, während die Eltern das Abendessen vorbereiten. Dann fällt die Diskussion um die Anfangszeit weg, die sonst von mittags an dauern kann. Und auch die Ausschaltzeit sollte feststehen.

Auswahl des Programms

Dann bleibt die Auswahl. Oder besser die Qual der Wahl, denn es gibt mittlerweile viele Kindersendungen im Fernsehen. Handelt es sich um jüngere Kinder, ist es heutzutage einfach: Da gibt es den Kinderkanal, werbe- und weitgehend gewaltfrei, die Sendungen für die älteren Kinder sind nicht immer ganz so harmlos. Der Kinderkanal hat Sendungen für Kinder ab zwei Jahren. Sie sollten auf jeden Fall die Altersangaben beachten.

Geeignete Sendungen für jüngere Kinder gibt es zudem in der ARD, im ZDF und in den Dritten Programmen. Man findet sie am besten durch ein intensives Studium – bei dreißig Programmen muss man das wohl so nennen – von Programmzeitschriften.

Bei Kindern ab dem Grundschulalter sind leider nicht die öffentlich-rechtlichen Sender, sondern RTL II mit seinen Zeichentrickfilmen Favorit. Wir persönlich empfehlen nur eine einzige Sendung, und zwar das Was-ist-was-TV, das Samstagnachmittag und Sonntagvormittag läuft. Da die meisten Kinder aber trotz aller erwachsener Bedenken die gerade im Freundeskreis diskutierten Sendungen dort sehen wollen, bleibt nur, sich bei Serien einmal selber mit den Kindern davor zu setzen und dann zu entscheiden, ob man den Kindern weiterhin erlaubt, diese Sendung anzuschauen.

Ein großer Vorteil des heutigen Medienmarktes sind die Videos und DVDs. Sie kommen vor allem den Sehgewohnheiten von kleineren Kindern entgegen. Man kann sie jederzeit einschalten und auch ausschalten, man kann sie wiederholen, sooft man will.

Empfehlenswerte Videos und DVDs gibt es für Kinder ab zwei Jahren, obwohl die Medienpädagogen eigentlich erst die Dreijährigen vor der Flimmerkiste sehen wollen.

Stefan Aufenanger/Bettina Mähler (Hrsg. Stiftung Lesen)
Die besten Medien für Ihr Kind. Der neue Elternservice der Stiftung
Lesen gibt Ratschläge und Tipps zur Medienerziehung
32 Seiten, Broschüre, kostenlos
Bezugsadresse: Stiftung Lesen, Fischtorplatz 23, 55116 Mainz,
Tel: 06131-288900, www.stiftunglesen.de.

Bayerische Landeszentrale für Neue Medien
Flimmo – Programmberatung für Eltern
Broschüre, vierteljährlich
42 Seiten, Jahresabonnement € 6,–
Bezugsadresse: Flimmo-Büro, PF 801344, 81613 München
Tel: 089-63808280
oder: in der Zeitschrift spielen und lernen als Einhefter
oder: www.flimmo.de

Jan-Uwe Rogge
Kinder können fernsehen. Vom Umgang mit der Flimmerkiste
rororo (2) 2001
256 Seiten, broschiert, € 8,50

Der Computer, das Spielen und Surfen

Siebenundsechzig Prozent aller Haushalte sind mit einem PC ausgerüstet, 13 Prozent aller Kinder haben einen eigenen Computer. Der Umgang wird also zunehmend selbstverständlicher. Nicht nur das: Vor allem die Jugendlichen sind in ihren PC-Kenntnissen der Erwachsenen meist heillos überlegen. Es gibt viele Lehrer, die erzählen: „Wenn an unserer Schule etwas mit den PCs nicht stimmt, dann hole ich den und den." Und das sind dann meist Schüler. Der Computer ist nicht ganz so verpönt wie der Fernseher, aber es gibt dennoch eine Menge Vorurteile. Vor allem, dass Kinder zu lange davor sitzen, sich zu wenig bewegen, zu wenig Kontakt zu anderen Kindern haben, zu wenig lesen. An den Vorwürfen ist einiges dran. Denn natürlich gesellt sich der Computer nun zu all den anderen Medien, auf die Kinder heute ihre verfügbare Zeit aufteilen. Je älter sie werden, desto mehr Stunden verbringen sie vor dem PC. Und wie alle anderen elektronischen Medien ist es eines, bei dessen Gebrauch man sitzt.

Medienkindheit
„Kindheit heute ist eine Medienkindheit, und zwar die einsamste, die es je gegeben hat", meint der Berliner Computerexperte Thomas Feibel und bezieht sich dabei vor allem auf die Kindheit vor dem PC. Stimmt seine Behauptung? Zum Teil, denn es sind vor allem diejenigen Kinder, die sowieso Probleme bei Sozialkontakten haben, die dann stundenlang alleine vor dem PC sitzen. D. h. der Computer ist nicht Grund, sondern Ausdruck von Einsamkeit. Und auch was sie spielen, hängt davon ab, ob und wer daran teilnimmt. Sozial gut integrierte Kinder nutzen den Computer häufig gemeinsam mit Freunden. Interessanterweise gibt es auch vor dem PC selten Streit. Der dreht sich dann darum, wer an die Maus darf. Aber vor die Alternative gestellt, den PC auszuschalten oder sich abzuwechseln, lernen die Kids ziemlich schnell, ihre „Mauszeit" aufzuteilen.

Wer nutzt den PC?

Die meisten Kinder fangen recht früh an, sich mit dem Computer zu beschäftigen, meist schon im Kindergartenalter. Bei den Erstklässlern sind es dann fast 40 Prozent, die ihn nutzen, mit steigender Tendenz. Bei den Jugendlichen ist das PC-Anschalten fast selbstverständlich, je höher die Schulform, desto mehr nähert sich die Nutzungsquote den 100 Prozent.

Der Natur der Sache entsprechend beschäftigen sich die jüngeren Kinder noch nicht mit dem Internet. Denn dazu muss man lesen können. Sie greifen auf CD-ROMs zurück. Es sei denn, ein Erwachsener setzt sich zu ihnen und geht mit ihnen ins Internet.

Erwachsene wundern sich häufig, warum CD-ROM-Spiele für Kinder so viel interessanter zu sein scheinen als herkömmliche Spiele. Zum einen: Die herkömmlichen Spiele haben weiterhin ihre Bedeutung, vor allem als Familienspiele. Aber zum anderen verlangen Computerspiele andere Fähigkeiten, nämlich insbesondere nichtlineares Denken. Die Spiele verlaufen nicht nach einer vorgegebenen Richtung, sondern sind durch den Spieler in ihrem Ablauf, in ihren Schwierigkeitsgraden beeinflussbar. Und sie verlangen schnelle Reaktion und Fingerfertigkeit. Also etwas gänzlich anderes als ein traditionelles Brett- oder Kartenspiel. Und dieses für Kinder offensichtlich spannendere Spielen reizt sie. Man kann dieses Spielen als Bereicherung sehen, eben weil es anderes fordert, aber auch als Beschränkung, denn vielen Kinder sind die traditionellen Gesellschaftsspiele zu langweilig. Und damit geht ihnen ein Stück Lebenserfahrung verloren.

Surfen und Chatten und Mailen und ...

Das Internet wird umso interessanter, je älter die Kinder werden. Bereits die 12- bis 13-Jährigen nutzen es zu fast siebzig Prozent. Und dabei, das ist erstaunlich, stehen nicht das planlose Surfen und das anrüchige Chatten im Vordergrund, sondern das E-Mail-Verschicken und das zielgerichtete

Suchen von Informationen, auch für die Schule. Auch ganz entgegen den Erwartungen sind die Internet-Vielnutzer nicht diejenigen, die nicht mehr lesen und sich nicht informieren. Sondern es hat sich herausgestellt, dass gerade diejenigen, die länger im Internet sind, weniger Fernsehen schauen, mehr überregionale Tageszeitungen und mehr Bücher lesen.

Aber auch für die jüngeren Kinder gibt es Internet-Angebote. Diese sind häufig „Ableger" von Fernsehsendungen. Fachleute sind wenig begeistert davon, sie präferieren die sorgfältig gemachten CD-ROMs.

Konsequenzen für die Lese- und Medienerziehung

Was ist gute Software?

Eltern sollten sich informieren, um gute Software zu kaufen. Davon gibt es seit einigen Jahren sehr viel und auch qualitativ sehr hochwertige. Wichtig ist dabei zu wissen, dass es verschiedene Kategorien von CD-ROMs gibt: CD-ROMs mit Informationscharakter wie die Telefonbuch-CD-ROMs oder Routenplaner und daneben Lern-Software, Spiele und eine Mischung davon, so genannte Edutainment-CD-ROMs. Letztere sind diejenigen, mit denen Kinder anfangen sollten, sich dem PC zu widmen. Edutainment ist eine Zusammensetzung aus den Wörtern Education und Entertainment, also Erziehung und Unterhaltung. Diese CD-ROMs sind von Bilderbuchillustratoren gezeichnet und von guten Sprechern gesprochen. Und sie sind gewaltfrei!

Sinnvoll wäre auch, sich einmal danebenzusetzen, um zu wissen, womit die Kinder sich beschäftigen. Bei den Kleineren ist das sowieso nötig, weil sie meist ohne Hilfe von Erwachsenen nicht zurechtkommen.

Wie lange dürfen Kinder an den PC?

Für den Zeitfaktor beim Computer gilt das Gleiche wie für alle Bildschirmtätigkeiten. Ohne Reglementierung funktioniert der vernünftige Umgang damit nicht. Kinder brauchen jemanden, der sie zum Ausschalten zwingt. Thomas Feibel hat in einem Sonderheft der Zeitschrift „spielen und lernen" (2002, S. 9) eine Empfehlungsliste mit Nutzungszeiten nach Alter aufgestellt. Er rät zu 20 bis 30 Minuten PC bei 3- bis 4-Jährigen, einer halben Stunde bei 5- bis 6-Jährigen, zu 45 bis 60 Minuten bei Grundschülern, zu einer Stunde bei Schülern weiterführender Schulen und zu 60 bis 90 Minuten bei Jugendlichen. Die Ratschläge decken sich mit denjenigen von Pädagogen und Wissenschaftlern. Nur: Letztere rechnen in die Bildschirmzeiten auch Fernseher, Nintendo, Gameboy mit ein. Hier gilt es, mit den Kindern genaue Zeiten auszuhandeln, und zwar im Voraus: wie viel Zeit für den PC, wie viel Zeit für den Fernseher? Und wie viel für den

Gameboy, falls Sie dieses Teufelsding überhaupt in Ihrem Haus dulden. Nicht wenige Eltern haben diese Süchtigmacher aus ihrem Haus verbannt. Was heißt, dass ihre Kids in anderen Haushalten Gameboy spielen. Aber die Eltern müssen nicht mehr darüber streiten.

Und das Lesen?
Leseerziehung im Zusammenhang mit Computererziehung heißt nicht verbieten, sondern in erster Linie zeitliche Reglementierung der gesamten Bildschirmzeit, und das am besten ritualisiert wie die Fernsehzeit. D. h., es gibt im Tagesstundenplan Zeiten, in denen der Computer dran ist. Sind diese Stunden mit anderen Tätigkeiten gefüllt, wird das PC-Spiel nicht nachgeholt, sondern es fällt eben aus. Nur so entgehen Eltern ständigen Diskussionen. Und nur so bleiben auch die Zeiten für das Lesen genau dafür und für nichts anderes reserviert.

Thomas Feibel
Was macht der Computer mit dem Kind?
Kinder im Medienzeitalter begleiten, fördern und schützen
Velber im OZ Verlag 2002, 144 Seiten, broschiert, € 12,90

Ders.,
Großer Kinder-Software-Ratgeber.
Die besten Multimediaprodukte für Spiel, Spaß und Kreativität
Rowohlt 2003, 224 Seiten, broschiert, € 12,90.

Ders.,
Einzelne Empfehlungen regelmäßig in der Zeitschrift „spielen und lernen".

Günter W. Kienitz, Bettina Grabis
Der Internet-Guide für Schüler.
Bessere Noten durchs Internet!
moses Verlag 2001, 288 Seiten, broschiert, € 14,–

Stefan Aufenanger/Bettina Mähler (Hrsg. Stiftung Lesen)
Die besten Medien für Ihr Kind.
Der neue Elternservice der Stiftung Lesen gibt Ratschläge und Tipps zur Medienerziehung
32 Seiten, Broschüre, kostenlos. Bezugsadresse: Stifung Leser, Fischtorplatz 23, 55116 Mainz, Tel: 06131-288900, www.stiftunglesen.de.

2 Warum das Vorlesen so wichtig ist

„Mama, aufstehen! Bücher lesen!" 6.23 Uhr. Der vierjährige Marius steht neben Karin Hoffmanns Bett. Wie jeden Morgen folgt die 34-Jährige ihrem Jüngsten in die Küche, alle anderen schlafen noch. Und wie immer liegt dort ein Stapel Bücher, den Karin Hoffmann am Abend vorher zurechtgelegt hat. Marius greift zum obersten Titel, das ist sein Lieblings-Wimmelbuch über eine Tankstelle. Damit fängt das Lesen morgens meistens an. Marius kann schon Romane darüber erzählen. Dann nimmt er die zwei Titel vom Kleinen Raben Socke und von Rötte Häschen. Die muss seine Mutter Wort für Wort vortragen. Marius lauscht gespannt. Und ganz zuunterst liegt „Juli und das Monster".

Die Mutter fängt an vorzulesen. Doch nach wenigen Seiten unterbricht Marius seine Mutter: „Mama, die Line im Kindergarten hat auch in die Hose gemacht, genau wie Juli im Buch."

„Ist dir das auch schon einmal passiert, Marius?"

„Ja, Mama, aber es hat keiner gelacht wie bei Juli. Da wäre ich bestimmt ganz böse geworden."

„Da haben die anderen aber gut reagiert."

„Ja, es war gar nicht so schlimm."

„Soll ich jetzt fertig lesen?"

Marius nickt. Am Ende des Buches angekommen, wirkt er sehr zufrieden.

Karin Hoffmann will die morgendliche Lesestunde beenden: „So, jetzt müssen wir Katharina wecken, sie hat um acht Uhr Schule."

„Nein, Mama, es ist sooo kuschelig."

„Doch, Marius, aber wir lesen heute Abend wieder. In Ordnung?"

„O. k., Mama."

Vorlesen hat viele Bedeutungen und es bietet viele Möglichkeiten – wenn man die Rahmenbedingungen dafür schafft.

Vorlesen heißt für Kinder viel mehr als nur das Hörbarmachen von Geschichten. Es heißt Nähe und Zuwendung. Deshalb ist auch ganz und gar nicht gleichgültig, wer vorliest, es müssen Vater, Mutter, Opa oder Oma

sein. Oder ein Babysitter, an den der kleine Zuhörer gewöhnt ist. Diese Menschen liebt das Kind, von diesen Menschen will es geliebt werden. Und Vorlesen ist eine sehr überzeugende Art, Zuneigung zu einem Kind auszu-drücken.

Vorlesen bedeutet noch mehr: Es heißt auch, am Wissen und an der Erfahrung der älteren Menschen, die nicht nur das Kind lieben, sondern die es auch selber liebt, teilzuhaben, sie anzunehmen. Sicher gibt es keine intensivere Lernmöglichkeit, insbesondere für kleinere Kinder, als Kuscheln und Vorlesen.

Vorlesen bietet noch etwas, und zwar Miteinander-ins-Gespräch-Kommen. So wie bei Marius. Während des Lesens erinnert er sich an die Situation im Kindergarten, in der Line ein Missgeschick passiert ist – und an sein eigenes. Das Buch ist hier Erinnerungsbrücke und gleichzeitig eine Verarbeitungsmöglichkeit. Es ist sowohl der Inhalt des Buches als auch die Situation von viel Nähe, die Kinder öffnet, sie bereit macht für Gespräche.

Das gilt übrigens auch für die Erwachsenen. Die Momente im Alltag, in denen sie sich ganz ihrem Kind zuwenden, ihm zuhören, sind in den meis-ten Familien nicht allzu häufig. Beim Vorlesen müssen sich beide Seiten auf die Situation und auf den anderen einlassen, sonst funktioniert es nicht.

Ganz entscheidend ist die letzte Bedeutung: Vorlesen heißt Spaß haben, heißt miteinander etwas tun, was beiden Freude bereitet. Denn fast immer überträgt sich der Spaß des Kindes beim Vorlesen auch auf den Erwachsenen. Es ist wunderschön zu beobachten, wie Kinderaugen anfangen zu leuchten, wenn eine Geschichte oder ein Bild im Buch sie berühren. Da muss man ein arger Leseabstinenzler sein, um das nicht wahrzunehmen.

Klaus Bednarz: Großvaters Buch

Es war eine schlimme Zeit, dunkel und kalt. Zwei Höhepunkte gab es am Tag. Wenn die Mutter den kleinen Bruder gefüttert hatte und ich den restlichen Brei aus seinem Gesicht schlecken durfte. Und wenn der Großvater am Abend ein Buch aus dem riesigen Regal zog und ich mich unter seinem Schreibtisch in meine Höhle verkriechen konnte. Dort war es heimelig und warm, und nur eine sonore Stimme mit leicht thüringischem Akzent war zu vernehmen.

(Naumann, Verführung zum Lesen, 2003, S. 27)

Das Vorleseritual

Kinder lieben Rituale, mehr noch, sie brauchen sie. Sie vermitteln – wie Grenzen und Werte – Sicherheit und Orientierung, und zwar im Tagesablauf ebenso wie im Jahresablauf. Eltern wissen darum. Oft laufen Aufstehen, Mahlzeiten, Pausen, Spiele, Ins-Bett-Gehen nach einem ähnlichen Schema ab. Davon profitieren beide Seiten, sowohl das Kind als auch die Eltern. Denn so ersparen sich beide Seiten Ärger. Aber nicht nur das: Sie bringen auch Freude. So wie im Jahresablauf die wiederkehrenden Feste Geburtstag, Ostern, Nikolaus und Weihnachten immer neu erwartet werden, so erwarten Kinder auch die kleinen Familienrituale. Nichts ist besser geeignet dafür als das Vorlesen.

In sehr vielen Familien gibt es ein so genanntes Abendritual. Dazu gehört nicht nur das Vorlesen, sondern auch Umziehen, Waschen, Zähneputzen, Vorlesen, über das Buch und/oder über den Tag sprechen, Beten, Singen, immer zur gleichen Zeit und immer im gleichen Ablauf. Dieses Ritual sollten Eltern so früh wie möglich „installieren", d. h. schon im Babyalter mit dem Vorsingen beginnen. Je älter das Kind wird, desto mehr regelmäßige Elemente kommen dann dazu.

Haben Eltern das Abendritual fest in den familiären Tagesablauf eingebaut, dann müssen sie sich klar machen: Ein Ritual ist nur dann eines, wenn es tatsächlich täglich praktiziert wird. Wehe also, wenn Eltern sich nicht daran halten, dann erwartet sie heftiger Protest. Wie bedeutsam das Vorlesen im Abendritual ist, davon berichtet Karin Osenbrügge-Küster: „Für meine Kinder ist es eine schlimme Strafe, wenn ihnen die Gutenachtgeschichte gestrichen wird, denn das gehört einfach dazu. Vorgestern hatten sie etwas angestellt, da haben wir ihnen zur Strafe nicht vorgelesen, das war die absolute Katastrophe für die beiden. Sie haben sich dann damit geholfen, dass Anne (8) Lea (4) die Gutenachtgeschichte vorgelesen hat. Das fand ich toll."

Was ein Kinderarzt über das Abendritual denkt

Das Abendritual hat sogar eine medizinische Bedeutung, wie der Gelnhäuser Kinderarzt Paul Volkwein erklärt: „Wenn Eltern sagen, mein Kind schläft nicht, versuche ich, die Situation der Familie schon am Nachmittag nachzuvollziehen. Und da bin ich immer wieder erschüttert zu hören, wie sehr manche Eltern ihre Kinder in der Dämmerungs- bis zur Einschlafphase sich selbst überlassen. Denn es ist für mich ganz entscheidend, dass Eltern versuchen, Erlebnisse der Kinder aus dem Tagesablauf herauszugreifen, von denen sie glauben, dass sie etwas Außergewöhnliches waren. Dann kann man diese Dinge in einer Weise besprechen, dass Spannungen abgegeben werden, und das, meine ich, ist der Übergang zum Schlafen."

Noch mehr Rituale

Je jünger Kinder sind, desto häufiger am Tag wünschen sie sich, vorgelesen zu bekommen. Es gibt Kleinkinder, die zigmal am Tag dem Vater oder der Mutter mit einem Bücherstäpelchen auf die Pelle rücken. Und häufig haben Eltern gerade dann keine Zeit. Oder sie wollen sie sich nicht nehmen und stellen in solchen Momenten lieber den Fernseher an. Oder die Kleinen drücken selber den Knopf am Flimmerkasten.

Deshalb raten wir: Versuchen Sie, solange Ihre Kinder noch zu Hause oder im Kindergarten betreut werden, nicht nur *ein* Vorleseritual am Tag einzuführen, sondern vielleicht noch ein zweites oder ein drittes. Früh am Morgen wie bei Marius (s. o.) ist zum Beispiel eine Zeit, die sich dafür anbietet. Oder mittags nach dem Mittagessen, wenn die Kleinen nicht mehr tagsüber schlafen. Oder als Unterbrechung des Vormittags oder Nachmittags, wenn die Kinder eine müde Phase haben. Wichtig ist nur, dass diese Rituale dann auch möglichst täglich praktiziert werden. Das vermittelt dem Kind Sicherheit im Tagesablauf. Und es lehrt es, in ruhigeren Phasen nicht den Fernseher oder den Kassettenrekorder anzustellen, sondern die Zeit für Zuhören und Gespräche zu nutzen.

Wir wissen allerdings, dass das nicht in jeder Familie möglich ist, weil die Eltern getrennt sind, weil beide unregelmäßig arbeiten müssen oder aus anderen Gründen. Dann sind Vorleseminuten noch kostbarer, und das Kind wird dafür auch dann dankbar sein, wenn sie nicht regelmäßig stattfinden, sondern eben dann, wenn es den Erwachsenen möglich ist.

Noch mal und immer wieder

„Noch mal!" hören Eltern beim Vorlesen oft. Für das „Noch-Mal" gibt es drei Situationen.

Die Faszination des Neuen
Die erste tritt auf, wenn Kinder neue Bücher vorgelesen bekommen, deren Inhalt und Bilder sie interessieren. Dann reicht einmal vorlesen einfach nicht, es muss direkt danach noch mal passieren. Und das hat zum einen mit dem Wunsch nach Verständnis, aber auch mit der Faszination eines neuen Buches zu tun. Kinder, die Bücher lieben, sind oft begeistert von neuen Titeln. Für die fünfjährige Melissa zum Beispiel ist jedes neue Buch, das sie anspricht, so spannend, dass sie mit dem Band den ganzen Tag hinter ihrer Mutter herläuft, damit sie es wieder und wieder mit ihr anschaut.

Die Faszination des Bekannten
Die zweite Wiederholungssituation tritt auf, wenn die Kinder nach einem Buch am nächsten Tag noch einmal verlangen. Und manchmal auch am übernächsten und noch die Tage danach. Das kann monatelang so weitergehen. Dann wissen Eltern: Dieses Buch beschäftigt mein Kind, es will die Geschichte immer wieder hören, bis es sie ganz verstanden und die dargestellte Situation verarbeitet hat. Das sind dann oft Bücher, in denen schwierige Situationen geschildert werden, die das Kind kennt. Beim sechsjährigen Kristopher trifft das zum Beispiel zu. Mit vier Jahren bekam er zwei Bücher vom „Kleinen Eisbär" geschenkt. „Und im Moment sind es wieder mal – aber nicht zum ersten Mal – seine Lieblingsbücher", erklärt die Mutter. „Inhaltlich geht es darum, dass der kleine Eisbär von zu Hause weggeht – mal aus Versehen und mal mit Absicht – und Abenteuer erlebt.

Das ist bei Kristopher immer wieder Thema, jedes Mal, wenn eine Art Weiterentwicklung und Loslösung stattfindet." Dieser „Wiederholungs-zwang" ist übrigens auch von anderen Medien bekannt. Auch Kassetten oder Filme werden von Kindern zigmal gehört oder gesehen, bis eine für sie bedeutsame Situation so durchlebt ist, dass sie ad acta gelegt werden kann.

Gyula Trebitsch: Lesen ist ein Lebens-Mittel

Für mich war der „Faust" immer wieder ein Leseerlebnis mit jeweils neuen Einblicken. So habe ich auch andere Bücher des Öfteren ein zweites Mal gelesen, wobei man die wertvolle Erfahrung macht, dass sich meistens dadurch auch neue Perspektiven eröffnen.

(Naumann: Verführung zum Lesen, 2003, S. 227)

Der Spaß am Buch

Last not least „konsumieren" Kinder Bücher anders als Erwachsene. Diese lesen ein Buch selten ein zweites Mal, und wenn, dann nicht gleich im Anschluss an die erste Lektüre. Kinder hingegen wollen die Bücher, die ihnen Spaß machen, sie zum Lachen verführen, die sie zum Lernen und Mitdenken bringen, ganz oft hö-ren und anschauen. Und es dau-ert oft sehr, sehr lange, bis ihnen diese Lieblingsbücher langweilig werden. Je kleiner die Kinder sind, desto länger. So hat sich die zweijährige Jaqueline das Buch von Ali Mitgutsch über den Bau-ernhof, das sie zu ihrem Geburts-tag bekam, mindestens schon fünfzigmal angeschaut. Aber sie zeigt noch keine Spur von Lange-weile. Jedes Mal entdeckt sie neue Details in dem Wimmelbuch. Da braucht es geduldige Erwachse-ne, die diese Begeisterung nach dem dreißigsten oder vierzigsten Mal vielleicht selbst nicht mehr teilen.

Reden über Bücher

Schon „Sprachanfänger" reden gern über Bücher. Denn sie sind durchaus in der Lage, die Situation im Buch auf ihr Leben bzw. andersherum zu übertragen. Je älter Kinder sind, desto besser gelingt ihnen das. Die Anlässe allerdings, wann die Kleinen ein Buch mit Gesprächen verarbeiten wollen, sind sehr verschieden.

Beim Vorlesen oder direkt danach
Am einfachsten ist ein Reden über Bücher während des Vorlesens oder direkt danach. Nicht wenige Kinder unterbrechen den Vorleser gar, weil ihnen etwas einfällt, das an die Situation im Buch erinnert. Der sechsjährige Moritz hat das vorgeführt, als er vor einem halben Jahr ein Schwesterchen bekam. Damals hat ihm die Mutter „Ich will auch Geschwister haben" von Astrid Lindgren vorgelesen. Denn auch Moritz reagiert – wie das Mädchen im Bilderbuch – auf den Neuankömmling keineswegs mit Begeisterung, wie die Mutter erzählt: „Das Mädchen im Buch wünschte sich, dass der kleine Bruder wieder weg ist. Als der dann krank wurde, dachte das Mädchen, es sei daran schuld. Moritz hat gleich beim Lesen nachgehakt, warum das Mädchen so ein schlechtes Gewissen hat." Moritz konnte über seine Eifersucht reden, ohne zu sagen: „Ich bin eifersüchtig." Das eifersüchtige Mädchen im Buch hatte ihm das ermöglicht.

Dem Kind Zeit lassen
Eltern sollten aber nicht darauf drängen, sofort über ein Buchthema zu reden. Denn manche Kinder brauchen erst mehrere Wiederholungen, bevor sie über etwas sprechen möchten. Und einige äußern den Wunsch zu ganz anderen Zeiten, bei einer Mahlzeit, während sie sich über etwas ganz anderes unterhalten, auf dem Weg vom Kindergarten nach Hause, wo das Kind etwas erlebt hat, was es an seine familiäre Situation erinnert, oder auf dem Spielplatz, wo es vielleicht eine Eifersuchtsszene bei einem anderen Geschwisterpaar beobachten kann.

Sinnvoll ist es auf jeden Fall, das Kind von sich aus ein Thema ansprechen zu lassen. Insbesondere bei „heiklen" Themen wie Eifersucht mag es sonst geschehen, dass ein Kind blockiert, nicht darüber sprechen will, weil es das noch nicht kann.

Den Spaßfaktor betonen

Im Familienalltag kann es häufig passieren, dass ein Kind sich ganz genauso verhält wie eine Figur im Bilderbuch. Das zu erkennen, ist für ein Kind nicht nur lehrreich, sondern es macht ihm auch einfach Spaß. „Stell dir vor, Mama", erzählt der sechsjährige Tobias: „Der Michel ist Bürgermeister geworden." Dass ausgerechnet Michel, der freche Michel, der fast täglich in den Tischlerschuppen geschickt wird, weil er etwas angestellt hat, es zu etwas bringt, ist eine tolle Bucherfahrung. Aber diese Freude tritt nicht nur bei positiven Figuren auf, Kindern macht Bücherlesen a priori genauso viel Spaß wie Sich-Unterhalten. Kinder lieben Gespräche. Sie genießen es, wenn Erwachsene mit ihnen reden – über ihre Themen.

Gesprächsanlässe über Bücher können sein:

- der Titel, das Titelbild, einzelne Figuren
- eine Handlung im Buch, zu der man das Kind um seine Meinung bittet
- ein Schluss, der sich anbietet, um zu fragen, wie es wohl weitergehen mag
- die Bilder im Buch: „Was sieht man? Was passiert? Findest du ... ?"
- die Frage, ob das Kind die Situation kennt
- Sachthemen von Büchern – Tiere, Natur, Technik, Gesundheit, fremde Länder

Ohne Begeisterung geht es nicht

„Als Kristopher ganz klein war und noch zum Spielen bei mir auf dem Schoß saß, haben wir oft Bücher angeschaut. Ich habe dann versucht, die Bildergeschichten zu spielen, also meine Stimme erhoben oder gesenkt. Da hat er gejauchzt. Wenn ich das Ganze nur runtergeleiert hätte, wäre klar gewesen, dass das Kind nicht hätte sitzen bleiben wollen", erzählt die Mutter von Kristopher.

Alle Kinder lieben es, wenn das Vorgelesene – vor allem die wörtliche Rede – ein wenig dramatisiert wird. Wenn vielleicht die verschiedenen Personen leicht geänderte Stimmen erhalten – so wie es dem Vorleser eben möglich ist. Man weiß das insbesondere von den Hörbüchern. Sie werden oft von Schauspielern gelesen, und die sind aufgrund ihrer Ausbildung in der Lage, die verschiedenen Figuren je in ihrer Besonderheit lebendig zu machen. Der Erfolg der von Rufus Beck gelesenen Harry-Potter-Bände hängt unter anderem von dieser Fähigkeit des Schauspielers ab. Nun sind die wenigsten Eltern Schauspieler – und sie müssen es auch nicht sein. Man kann sich aber als Vater oder Mutter durchaus etwas von den professionellen Vorlesern abschauen bzw. „abhören", warum nicht?

Zu viel des Guten müssen sie natürlich nicht tun, die Kinder erwarten kein tägliches Theaterspielen der Eltern. Dann kann das Gegenteil eintreten, dass die Kinder nur noch auf das Schauspielern und nicht mehr auf den Inhalt der Bücher achten. Die meisten Eltern machen es unbewusst genau richtig, sie passen die Lebhaftigkeit ihres Vorlesens der Reaktion der Kinder an.

Auch Erwachsene sollen Spaß haben

Unbedingt bewusst machen sollten sich Mütter und Väter aber, ob ihnen die vorgelesenen Bücher selber gefallen. Denn wenn ein Vortragender gelangweilt oder desinteressiert wirkt, wird das Vorlesen zur Pflichübung für beide Seiten. Kinder spüren, ob Eltern „bei der Sache" sind. Vorlesen sollte beiden Seiten Spaß machen! So wie bei Herrn und Frau Künzel-Schön, die für ihren Sohn Martin den Klassiker „Die rote Zora und ihre Bande" (Sauerländer) ausgewählt hatten – den beide Eltern noch nicht kannten: „Manchmal haben wir uns fast gestritten, wer das nächste Kapitel vorlesen durfte. Und diese Begeisterung hat Martin gespürt."

Bücher schenken Trost

Kranken Kindern ist langweilig. Und sie brauchen Trost. Weil sie sich unwohl fühlen. Weil sie Schmerzen und vielleicht Angst vor dem Arzt haben. Bücher sind in solchen Situationen wahre Wundermittel.

Beim Arzt

Das beginnt mit dem Aufenthalt im Wartezimmer. Denn Warten gehört zu den Dingen, die kleine Kinder schlichtweg überhaupt nicht können. In guten Kinderarztpraxen ist es deshalb mittlerweile selbstverständlich, dass Bücher zum Vorlesen vorhanden sind und ausgeliehen werden können. Das gilt auch für die Untersuchungssituation. Da gelingt das Vorlesen vielleicht nicht, aber das Vorsingen. Der

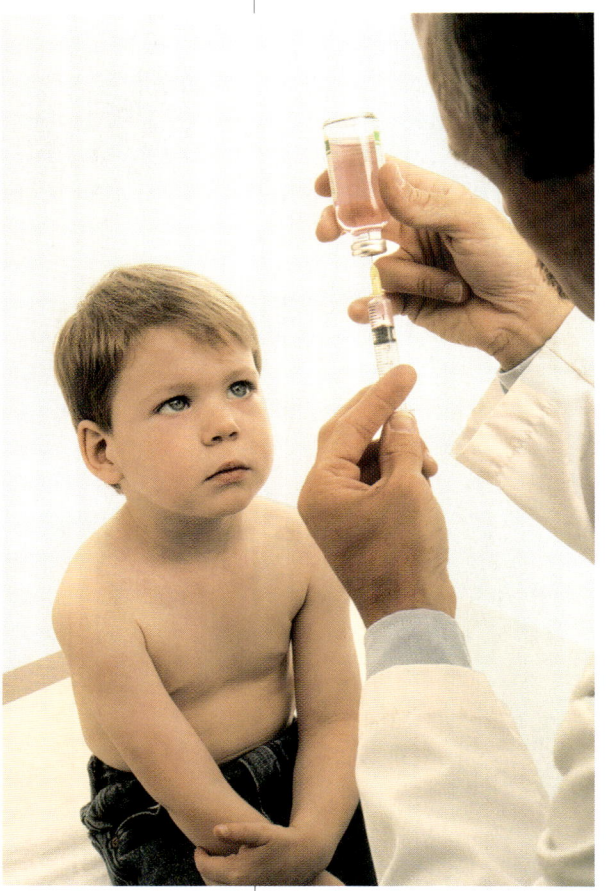

Gelnhausener Kinderarzt Paul Volkwein hat das schon oft beobachtet, zum Beispiel beim Blutabnehmer: „Das Vorsingen entspannt und beruhigt die Kinder ein bisschen. Ich habe das sogar schon bei einer Computertomographie erlebt."

Selbst bei harmloseren Krankheiten ist es nicht immer leicht, die Kinder zu beruhigen. Ob Schnupfen oder Fieber, insbesondere kleinere Kinder halten es kaum im Bett aus, auch wenn es ihnen nicht gut geht. Vorlesen ist in solchen Fällen eine Garantie für Ausruhen und Erholung und gleichzeitig für Zuwendung. Denn zum Kranksein gehört ja auch der so genannte Krankheitsgewinn. Und der besteht bei Kindern in fast allen Fällen aus Zeit und Liebe, die Eltern den Kindern widmen.

Darüber hinaus gibt es viele Situationen, in denen kranke Kinder stillhalten müssen. Inhalieren bei Atemwegserkrankungen gehört zum Beispiel dazu. Kombinieren Eltern das Inhalieren mit Vorlesen, ertragen es die Kleinen meist recht widerstandslos.

Im Krankenhaus

Ein Krankenhausaufenthalt stellt eine Extremsituation dar. Gute Kinderärzte in Kliniken wissen das seit langem. Sie haben aus diesem Grund die Aktion „Das fröhliche Krankenzimmer" ins Leben gerufen. Dabei bringen fahrbare Leihbibliotheken den Kindern Bücher ans Krankenbett. Der deutsche Ärztinnenbund, verantwortlich für diese verdienstvolle Unterstützung von kranken Kindern, erklärt dazu: „Das Buch dient als Hilfsmittel, Trost zu geben, es ist für das kranke Kind ein Ding, das nicht wehtut, das sich nicht einmischt oder aufdrängt, das man sogar beiseite legen kann; es ist oft – zumal bei lesegewohnten Kindern – der erste vertraute Gegenstand in der neuen und befremdlichen Umgebung." Können die

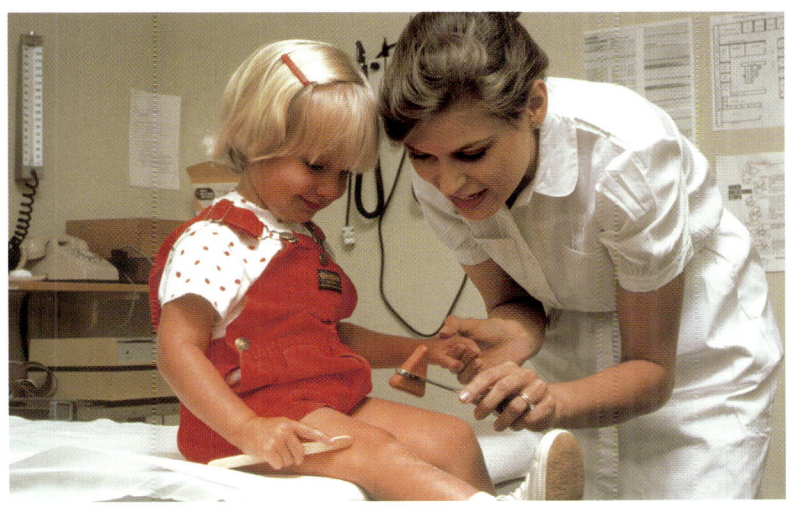

Kleinen noch nicht selber lesen, sind die Eltern gefordert – und meist dankbar. Denn auch wenn die Kinderkliniken es heute möglich machen, dass Eltern rund um die Uhr bei ihrem kranken Kind sind, so ist damit das Problem der Langeweile und des Sich-nicht-bewegen-Könnens noch nicht gelöst.

So gelingt das Vorlesen

1. Suchen Sie einen ruhigen, gemütlichen Ort, an dem Sie mit Ihrem Kind auch ein bisschen kuscheln können.
2. Wählen Sie günstige Augenblick zum Vorlesen, also Ruhephasen oder den Abend. Ritualisieren Sie – wenn möglich – diese Zeiten.
3. Haben Sie Geduld mit Ihrem Kind, d. h. akzeptieren Sie Zwischenfragen.
4. Lassen Sie Ihr Kind, sobald es alt genug dafür ist, die Bücher selbst auswählen. Und auch wenn es das dreißigste Mal ist, dass Sie ein und denselben Titel vorlesen sollen, nehmen Sie der Wunsch Ihres Kindes ernst.
5. Versuchen Sie, mit Engagement vorzulesen.
6. Kaufen Sie Bücher, die Ihnen auch selber gefallen, davon profitieren beide Seiten.
7. Nehmen Sie sich Zeit für Gespräche im Anschluss an das Vorlesen.

Wer bestimmt die Lektüre?

„„Ich möchte ein Buch über dies oder das haben', das sagt Malte noch nicht", erzählt Paul Volkwein über seinen Sohn, „aber es würde mich auch überraschen, wenn ein Dreijähriger das so klar formulieren könnte." Bis Maltes Eltern konkrete Wünsche von ihm hören werden, müssen noch ein paar Jahre vergehen.

Dennoch können und wollen auch schon Kinder in Maltes Alter ihre Lektüre selber bestimmen. Das lässt sich vor allem daran beobachten, dass die meisten Kinder irgendein Buch ihr Lieblingsbuch nennen. Das kann von Tag zu Tag ein anderes oder ein halbes Jahr lang das gleiche Buch sein. Auf jeden Fall gibt es fast immer einen Titel, der sie besonders anspricht.

Eltern haben zwei Möglichkeiten, ihre Kinder selbst ihre Lieblingsbücher finden zu lassen:

Ein breites Spektrum an Büchern
Bei der einen Methode bieten Sie ihren Kleinen möglichst viele Bücher an und beobachten, bei welcher Lektüre die Kinder den meisten Spaß haben. Oder welches Buch sie am meisten beschäftigt.

Die Palette der Interessen
Bei der zweiten Methode gehen Sie den Weg über die Interessen oder Erlebnisse der Kinder: „Was will mein Kind wissen? Was hat es erfahren?" sind dann die Leitfragen für die Bücherauswahl für die Kleinen. Die wirkungsvollste Leseförderung arbeitet mit beiden Methoden. Denn genau so wie Bücher bei der Verarbeitung von Problemen helfen, können sie Interessen wecken, und zwar dadurch, dass die Kinder durch die Bücher etwas kennen lernen, was ihnen vorher unbekannt war

Und so finden Eltern schöne Bücher für ihre Kinder:

Lieblingsbücher der Eltern
Dazu kommt eine nicht zu unterschätzende Auswahlmethode, die häufig vergessen wird. Das ist diejenige, bei der Eltern auf ihre eigenen Leseerfahrungen als Kinder zurückgreifen. Viele Bücher, die Eltern heute noch vor-

lesen, gab es zu ihrer eigenen Kindheit schon. Und vielleicht sogar schon vorher. Diese Titel gehören damit zu den so genannten Klassikern – die es neben den Tausenden von Neuerscheinungen selbstverständlich weiter gibt. Solch ein Buch hat für Kinder heute eine besondere Bedeutung. Denn die Eltern können zum Buch erzählen, dass sie es selber früher vorgelesen bekamen oder gelesen haben und was ihnen daran gefällt. Das macht das Buch zusätzlich wertvoll, denn die meisten Kinder lieben Geschichten der Eltern über deren Kindheit. Und sie sind begeistert, wenn sie sozusagen an diese ferne Kindheit mit ihrer eigenen anknüpfen können.

Die Qual der Wahl

Die Bücher kaufen oder leihen müssen allerdings bis zum Grundschulalter die Eltern. Das stellt für viele Eltern eine schwierige Aufgabe dar. Denn der Buchmarkt ist riesig, es gibt für jede Altersstufe von vielen Verlagen in vielen Ausstattungen und von guten und weniger guten Autoren Vorlese-, Geschichten- und Sachbücher. In den nächsten Kapiteln finden Sie einige Tipps. Aber am besten informieren Sie sich in den unten angegebenen Buchzeitschriften und Büchern über (vor-)lesenswerte Titel.

Informationen über Kinder- und Jugendbücher

Stefan Aufenanger/Bettina Mähler (Hrsg. Stiftung Lesen)
Die besten Medien für Ihr Kind. Der neue Elternservice der Stiftung Lesen gibt Ratschläge und Tipps zur Medienerziehung
32 Seiten, Broschüre, kostenlos
Bezugsadresse: Stifung Lesen, Fischtorplatz 23, 55116 Mainz,
Tel: 06131-288900, www.stiftunglesen.de.

Weitere Broschüren der Stiftung Lesen zu einzelnen Themen. Infos über die Stiftung, Adresse etc. s. o.

3 Wie Leseförderung zu Hause aussehen kann

Babys: 0 bis 1 Jahr

Miriam ist vor zwei Monaten auf die Welt gekommen. In ihrem neu eingerichteten Kinderzimmer haben sich schon allerlei Willkommensgeschenke angesammelt. Aber nur wenig davon kann sie bereits verwenden. Dazu gehört ein viereckiges kleines Buch, mit dicken Seiten aus Holz, ungiftig lackiert und mit einer Kordel zusammengebunden. Seit ihre Fingerchen etwas greifen können, hält sie dieses Buch gerne fest, dreht und wendet es immer wieder neu und oft ziemlich lange. Manchmal schaut sie dabei ganz konzentriert, manchmal lacht sie dabei.

Im ersten Lebensjahr lernt ein Kind das Kopf-Heben, Sich-Drehen, Greifen, Fühlen, Sitzen, Krabbeln und Erste-Worte-Sprechen. Das ist eine Menge. Und alles, was es jetzt lernt, und jede Anregung, die es erhält, lassen neue neuronale Verbindungen in seinem Gehirn entstehen. Nie sind es so viele wie in den allerersten Lebensjahren. Allerdings: Zu viele Reize überfordern ein Kind. Eltern müssen deshalb ein Mittelmaß finden bzw. die richtigen Reize liefern.

Babys lernen darüber hinaus im ersten Jahr etwas sehr Entscheidendes: das Krabbeln. Dabei müssen Kinder jeweils den rechten oder linken Arm und gleichzeitig das andersseitige Bein sowie den Kopf bewegen. Und damit trainieren sie das Zusammenspiel beider Gehirnhälften, denn die rechte ist sowohl für den linken Körperteil als auch für alles Rationale und die linke für den rechten Körperteil sowie für alles Irrationale zuständig. D. h. letztendlich: Mit dem Krabbeln lernen Kinder das Zusammenspiel von linker und rechter Gehirnhälfte – und genau das brauchen sie später beim Lesen.

Die Lese-Grundlagen fördern bei Babys

Das Baby soll seinen Körper kennen und beherrschen lernen, und zwar mit allen fünf Sinnen: Sehen, Hören, Schmecken, Riechen, Tasten. Damit trainiert es seine Körperbeherrschung, und die ist die Voraussetzung für Sprechen, Lernen, Lesen – und vieles mehr.

Geben Sie ihm Dinge zum In-den-Mund-Stecken und Anfassen. Dazu sollten auch Bücher gehören. Damit die Kleinen sich an den Gegenstand Buch gewöhnen.

Es gibt viele verschiedene Arten von Büchern für diese Altersgruppe:

- Holzbücher
- Rasselbücher
- Buggybücher
- Badebücher
- Fühlbücher
- Pappbücher
- Leporellos

Unglaublich, aber wahr. Alle halten etwas aus, auch Knicken und Knautschen, Tatschen und Lutschen, und die Badebücher kann man mit in die Wanne nehmen. Selbstverständlich sind alle diese Titel aus ungiftigen Materialien und mit ebensolchen Farben lackiert. Für Babys auch wichtig: Es sollte jeweils nur ein Gegenstand auf jeder Seite zu sehen sein, und zwar stark vereinfacht mit kräftigen Hintergrundfarben. Das spricht Babys an. Und die Büchlein müssen klein sein. Damit sie in die winzigen Hände passen. Oder in Mamas Handtasche. Oder in den Buggy zum Spielen.

Eltern sollten allerdings noch nicht zu viel verlangen. Babys können noch keine Gegenstände erkennen! Sie sehen die Farben, sie lieben den Gegenstand Buch, sie blättern vielleicht auch schon – aus Erwachsenensicht etwas wahllos – darin herum. Aber mit dem Lesen im herkömmlichen Sinn hat das nichts zu tun. Dennoch ist es sinnvoll, Babys die Bücher zu geben, denn irgendwann kommt der Zeitpunkt, an dem sie mit dem Abgebildeten etwas anfangen können. Und um den nicht zu verpassen, sollte das Baby Bücher um sich haben und gewöhnt sein, damit umzugehen bzw. zu spielen.

Dem Baby zuhören

Das zweite „Lesetraining" für Babys besteht aus Dem-Baby-Zuhören. Das scheint weit hergeholt, ist es aber nicht. Denn das Zuhören ist die Voraussetzung für Kommunikation. Und die läuft am Anfang vor allem darüber, dass die Eltern den Handlungen, dem Schreien, dem Weinen, dem Lallen, dem Lachen des Babys zuhören, es verstehen und darauf reagieren. Mit dem Zuhören der Eltern lernt auch das Baby, den Eltern zuzuhören. Es versteht am Tonfall schon sehr bald, worauf es den Eltern ankommt. Ob es allerdings so handelt, wie die Eltern es erwarten, das ist nicht immer vorauszusagen.

Sprechen mit dem Baby

Das dritte „Lesetraining" ist das Mit-dem-Kind-Sprechen, das eigentlich mit dem Zuhören zusammenhängt. Denn Eltern, die um die Bedeutung von Sprache wissen, begleiten ihre Handlungen mit Worten. „Jetzt ziehe ich dich aus. Jetzt wasche ich dich ab. Jetzt ziehe ich dir eine Windel an. Usw. usf." Und das sollte bitte nicht in der Babysprache, sondern in ganzen Sätzen passieren. Es gibt kein effektiveres Sprechenlernen als das in Zusammenhängen. Und Babys tun das schon sehr viel früher, als sie sich selber mit Worten ausdrücken können. Das merken Eltern daran, dass ein Baby oder Kleinkind mit einem Wort einen ganzen Satz sagen kann. „Nane" zum Beispiel heißt in einem bestimmten Zusammenhang und zu einer Tageszeit, zu der das Baby oder Kleinkind Hunger haben könnte: „Ich möchte eine Banane essen." Und Zweiwortsätze mit einem Subjekt und einem Prädikat bedeuten oft noch viel mehr. Eltern verstehen ihre

Kinder. Und diese wiederum lernen nur durch die direkte Interaktion mit einem anderen Menschen, durch eine Situation, in der sie begreifen, wie ein Gegenstand oder eine Handlung jetzt, in diesem Moment heißt.

Singen und Reimen

Ob man es Beschäftigung oder Mit-dem-Kind-Reden nennt, es gibt etwas, was alle Babys von Geburt an lieben: Wenn Eltern ihnen vorsingen und Reime vorsagen. Die meisten unruhigen Babys werden zu Lämmern, wenn Mama oder Papa singen. Und viele normalerweise mit Schreien kommentierten Wickelsituationen lösen sich in Wohlgefallen auf, wenn die Eltern zum Beispiel die Vogelhochzeit aus ihrem Gedächtnis hervorkramen. Wenn alle Vogelarten besungen sind, ist das Wickeln fertig. Sind die Kleinen dann schon so groß, dass sie sitzen können, lieben sie Fingerspiele und Kniereiter über alles.

Für all das sind Erinnerungsstützen notwendig, Liederbücher und Bücher mit Fingerspielen. Im Buchhandel und in Bibliotheken werden Sie viele finden, wir präferieren die Klassiker, denn Kinder sind ausgesprochen konservativ und lieben traditionelle Volkslieder (zu denen mittlerweile auch viele aus dem amerikanischen Raum gehören) – egal ob Mama und Papa die auch mögen. „Das große Liederbuch" (Diogenes) mit Bildern des Karikaturisten Tommi Ungerer ist ein solcher Volltreffer oder „Die große goldene Liederfibel" (Patmos) mit ihrer ganz besonderen Illustrationsweise. Oder „Freche Lieder, liebe Lieder", in der auch Lieder

wie „Sag mir, wo die Blumen sind" Eingang gefunden haben. Und ein Tipp für Reimspiele ist der Buchklassiker „Zehn kleine Krabbelfinger" (Kösel), der das ganze erste Jahr begleiten kann.

Andere Medien für Babys
Babys brauchen keine anderen Medien. Mit Kassetten, CDs, CD-ROMs, Videos können sie noch nichts anfangen. Rein gar nichts. Sie verwirren sie nur, konfrontieren sie mit Reizen, denen sie keine Verarbeitungsmöglichkeit entgegensetzen können. Babys reagieren auf andere Medien mit Unverständnis und Unruhe. Halten Sie alle audiovisuellen Medien von Ihren Babys fern. Es wird die Zeit kommen, in der Sie sich mit Wehmut an dieses medienfreie Jahr erinnern!

Die Lese-Vorbilder

Eltern sind Vorbild, ob sie es wollen oder nicht. Und zwar auch bei all den Dingen, über die man sich normalerweise wenig Gedanken macht: in der religiösen Einstellung, im Geschlechterrollenverhalten und eben auch im Umgang mit dem Buch und dem Lesen. Schon Babys beobachten sehr genau, wenn ihre Eltern Zeitung lesen, eine Landkarte studieren, ein Kochrezept nachschlagen oder bei Fachlektüre nicht gestört werden dürfen. Nicht dass sie verstehen, was dort passiert. Aber sie nehmen wahr, dass das Buch und das Lesen eine Bedeutung im Leben ihrer Eltern haben. Auch die Geschwister sind in punkto Umgang mit Lektüre ein Vorbild für Kinder. So werden Einzelkinder am häufigsten zu Lesern – wenn ihre Eltern es auch sind. Und Brüder oder Schwestern von lesenden Geschwistern wollen diesen in der Fähigkeit Lesen nicht nachstehen: Hier führt die Geschwisterrivalität nicht dazu, dass gegensätzliches Verhalten bevorzugt wird, sondern das gleiche. Allerdings: Ist das Lesen unter den Brüdern und Schwestern verpönt, wollen auch die Kleineren wenig davon wissen.

Kleinkinder: 1 bis 2 Jahre

Der vierzehn Monate alte Maximilian sitzt auf dem Küchenboden. Vor ihm liegen einige Spielsachen, mittendrin ein Buch. Maximilian blättert eine Seite des dicken Pappbandes um. Das beherrscht er schon eine ganze Weile. Aber er hat bisher auf den Seiten noch nichts erkannt. Jetzt wird er auf einmal ganz aufgeregt: „Da, da, da!!" Er zeigt auf das Auto, das er in der Mitte der Doppelseite entdeckt hat: „Auto, Auto!" Mit weit aufgerissenen Augen und voller Erstaunen schaut er seine Mutter an. „Ja, da ist ein Auto. Kannst du das erkennen?", fragt die Mutter. „Da, da, da, Auto!", wiederholt Maximilian. Immer wieder schaut er auf die Buchseite und fährt mit dem Finger über die flache Seite. Kein Zweifel, da ist ein Auto zu sehen – aber nicht zu fühlen. Eine halbe Stunde lang bleibt Maximilian vor dem Buch sitzen. Dann wendet er sich seinen Bausteinen zu.

Kinder nach dem ersten Geburtstag haben eine große Aufgabe vor sich: das Sprechenlernen. Dafür müssen sie im ersten Lebensjahr Gegenstände gesehen und Geschehnisse beobachtet haben und sich daran erinnern können. Sie entwickeln dann so genannte innere Bilder von diesen Dingen und Abläufen, die unabhängig von der Wirklichkeit in ihrem Kopf existieren. Diese Bilder müssen mit abstrakten Worten in Verbindung gebracht werden. Das ist eine großartige Leistung und erfordert ein gutes Zusammenspiel aller Sinne. Wie schnell dieser Prozess vorangeht, lässt sich an der sprachlichen Entwicklung zwischen dem 12. und dem 24. Lebensmonat erkennen. Kinder lernen während dieses Jahres ca. 300 Worte sprechen, d. h. sie können aktiv damit umgehen. Der passive Wortschatz ist aber viel größer, das bedeutet, dass zweijährige Kinder schon sehr komplexe Anweisungen und Erklärungen verstehen, auch wenn sie sie noch nicht selber sagen können.

Beim Erkennen von Gegenständen und Geschehnissen im Buch leistet das Kind noch einen Schritt mehr, und zwar nach der Erinnerung und der Verbindung mit einem Wort das Sehen, das Sich-Einlassen auf ein gemaltes Bild. Das ist verwirrend für ein so kleines Kind, weil der erinnerte Gegenstand dreidimensional war und angefasst werden konnte. Derjenige im Buch ist flach und nicht ganz wirklichkeitsgetreu, weil er meist nicht aus einem Foto besteht.

Es lässt sich nicht genau vorhersagen, wann ein Kind das, was im Buch abgebildet ist, tatsächlich im Kopf „begreifen" kann. Bei den meisten liegt der Zeitpunkt irgendwann im zweiten Lebensjahr. Wobei Mädchen den Jungen hierbei oft etwas voraus sind, weil bei ihnen auch die Sprachentwicklung früher beginnt.

Das Lesen fördern bei Ein- bis Zweijährigen

Nicht nur die Kinder, auch die Eltern sind oft begeistert, wenn ihre Kinder endlich mehr mit Büchern anfangen können, als sie „nur" anzufassen und zu drehen und zu wenden. Und bereits jetzt beginnt das, was gemeinhin als „Vorlesen" gilt. Natürlich hat das noch nichts mit der Vorlesestunde zu tun, bei der ein Kind eine halbe oder eine ganze Stunde einer fortlaufenden Geschichte lauscht. Sondern es heißt, sich mit dem Kind zusammenzusetzen, auf dem Boden im Kinderzimmer oder aufs Sofa zum Beispiel, ein oder mehrere Bücher vor sich zu legen und gemeinsam hineinzuschauen. Wobei die Reihenfolge in diesem Alter noch keine Rolle spielt. Die Kleinen schlagen beliebige Seiten auf und möchten darüber „sprechen". D. h. sie zeigen auf einen Gegenstand und sagen das dazugehörige Wort. Oder der Erwachsene übernimmt diesen Part und benennt die zu sehenden Dinge.

Wörterbücher für Kleine
Sehr beliebt in dieser Zeit sind so genannte Wörterbücher für Kinder. Das sind Bücher, die meist mehrere Gegenstände auf einer Seite abbilden. Manche Titel sortieren die Dinge nach Zimmern, nach Tätigkeiten oder nach dem Alphabet. Meist stehen die Wörter darunter, damit die Erwachsenen auch immer das Gleiche dazu sagen. Ein Tipp in diesem Zusammenhang: „Mein erster Brockhaus" (Bibliographisches Institut) – tatsächlich von *der* Brockhaus-Redaktion, die jeder kennt.

Erste richtige Geschichten

Am Ende des zweiten Lebensjahres sind die Kinder dann in der Lage, klitzekleine Geschichten in der richtigen Reihenfolge zu verstehen. Die Texte bestehen im Allgemeinen aus einem oder zwei Sätzen, die Bilder zeigen ganz vereinfachte Szenen mit einem oder zwei Personen bzw. Gegenständen und einem überschaubaren Hintergrund. Viele Kleinkinder mögen es übrigens nicht, wenn die Eltern den Text vortragen. Sie ziehen es vor, wenn die Eltern die Geschichte mit ihren eigenen Worten erzählen. Das hat den Vorteil, dass Mama und Papa die Wörter, die das Kind zur Zeit gerade lernt oder gelernt hat, in die Erzählung einbauen können.

Zwei Muss-Bücher

Ein unbedingtes Muss für Ein- bis Zweijährige ist das Gesamtkunstwerk „Die kleine Raupe Nimmersatt" (Gerstenberg), eine Geschichte über ein Ei, das zur Raupe wird und sich anschließend durch tatsächlich durchlöcherte Buchseiten frisst. Auch „Bobo Siebenschläfer" (Rowohlt) ist eine Buchfigur, die jedes Kleinkind kennen sollte. Er erlebt in kleinen Bildergeschichten all das, was Zweijährige im Alltag bewegt.

Den Grundstein für das Abendritual legen

In diesem Jahr empfehlen wir, das Vorlesen zu ritualisieren, und zwar auf jeden Fall am Abend vor dem Schlafengehen. Denn in den meisten Familien entstehen jetzt recht gleichförmige Abläufe des Zu-Bett-Geh-Programms. Das Vorlesen hier einzubauen, ist nicht weiter schwierig. Genauso lässt es sich am Tag zu wiederkehrenden Zeiten fest verankern. Wobei die Tagesabläufe eines Kleinkindes meist noch nicht genau vorhersagbar verlaufen, es sein denn, es lebt in einer großen Familie, in der die anderen die Tagesstruktur vorgeben. Wie auch immer der Alltag in Ihrer Familie aussehen mag: Versuchen Sie, die Phasen, in denen Ihr Kind aufnahmefähig ist, d. h. nicht müde, nicht hungrig und ohne allzu großes Bewegungsbedürfnis, für das „Vorlesen" zu nutzen. Ob das fünf, zehn oder dreißig Minuten dauert, hängt von Ihrem Kind und von Ihrer Bereitschaft vorzulesen ab.

Andere Medien

Empfehlenswert für Kleinkinder ist nur ein einziges anderes Medium: die Kassette – und dabei letztlich nur diejenige mit Liedern. Die verstehen die Kleinen nicht nur über die Worte, die sie ja noch nicht alle beherrschen, sondern auch über die Musik. Zwar ziehen Kleinkinder immer noch jede singende Mutter und jeden singenden Vater jeder Kassette vor, aber die Großen haben nun mal nicht immer Zeit und Lust zu singen. Spätestens wenn sie ein Liederbuch von hinten bis vorne vorgesungen haben, streiken sie. Die Kassette nicht. Zudem gibt es heute hervorragende Produktionen von Kinderliedermachern, die eigens für Kinder texten und komponieren, auch schon für ganz kleine. Unser Favorit ist hier die „Klitzekleinen Riesen" (Universal Family), das sind Bewegungslieder für Kinder, die man einfach so hören, bei denen man mitspielen oder die man in Kindergruppen als Anleitung nehmen kann. Und fürs Schlafengehen gibt es traumhaft schöne Schlaflieder, „Das Abendschiff" (Jumbo), die Ulrich Maske nach Vorlagen aus aller Herren Länder neu vertont hat.

Wohnen mit Büchern

Bücher im Regal haben viele Bedeutungen:

■ Sie versammeln eine Menge Wissen, egal, worum es in ihnen geht.
■ Sie sind ausgesprochen dekorativ. So sehr, dass es Leute gibt, die sich Bücher mit Goldschrift auf dem Rücken hinstellen, obwohl sie sie nie gelesen haben.
■ Sie sagen etwas über den Besitzer nach dem Motto: „Zeige mir, was du liest, und ich weiß, wer du bist."
■ Sie gewöhnen Kinder an den Gegenstand Buch. Er gehört für sie genauso zur Einrichtung wie Möbel oder Blumen. Zu viel davon kann man nicht haben.
■ Sie geben den Kindern die Möglichkeit, wenn sie selber lesen können, bei den Büchern der Erwachsenen etwas für sich zu entdecken, das die Eltern ihnen vielleicht nicht angeboten hätten.

Ein Tipp: Richten Sie Ihrem Kind ein Regal für seine Bücher im „Erwachsenenregal" ein, ganz unten natürlich. Dann werden Ihre Bücher geschont und das Kleine ist stolz auf „seinen" Platz im Erwachsenenbereich.

Kleinkinder: 2 bis 3 Jahre

„„Nein!', schreit Klara. ‚Ich will nicht! Nein, ich will den Pulli nicht anziehen! Nein, ich will keine Hose anziehen! Nein, keine Schuhe!', schreit Klara. ‚Ich will nicht!'"

Gebannt schaut die zweijährige Melina auf das Buch „Klara sagt nein". „Weiter, Mama!" Die Mutter liest weiter und denkt: Das ist ja wie bei uns! Denn seit einigen Monaten kennt sie das Theater um alles und jedes. Trotzalter nennen das die Pädagogen. Die Mutter blättert weiter und liest Melina von all den Dingen vor, die die Bilderbuch-Klara nicht tun will.

„Da schreit die Mama: ‚Das ist zu viel. Ich kann nicht mehr. Nein, nein, nein!'

‚Aber Mama', sagt Klara, ‚nicht traurig sein. Ich bin doch bei dir.'"

Zufrieden blickt Melina auf die letzte Seite des Buchs, auf der die Bilderbuch-Klara, ihr Teddy und ihre Mama versöhnt Tee trinken: „Guck da, Mama, schön!"

Das Alter zwischen zwei und drei Jahren ist die Zeit explosionsartiger geistiger Entwicklung. Das gilt für die Sprache und das Ich des kleinen Kindes. Es verzehnfacht seinen aktiven Wortschatz auf etwa 3.000 Wörter. Es lernt selbstverständlich mit Zwei- und Dreiwortsätzen umzugehen. Es eignet sich den größten Teil der Grammatik seiner Muttersprache an. Viele Eltern berichten, dass sie schon richtige kleine Unterhaltungen mit ihren Kindern führen können.

Gleichzeitig durchleben fast alle Kinder das so genannte Trotzalter. Das „Nein" bestimmt viele Gespräche. Für

Kinder heißt dieses „Nein": Hier fange ich an, hier geht es um mich, hier bestimme ich. Es löst sich aus der engen Verbundenheit mit der Hauptbezugsperson, meistens der Mutter, und wendet sich mehr der Außenwelt zu. Mit Ende des dritten Lebensjahres hat es sich so weit von seinem Kokon „Zuhause" entfernt, dass es in den Kindergarten gehen kann, im Jargon der Pädagogen „kindergartenreif" ist.

Das Lesen fördern bei Zwei- bis Dreijährigen

Das Lesen mit einem Kind zwischen zwei und drei Jahren sieht bereits sehr viel anders aus als vorher. Das sieht man am Umgang mit den Büchern und auch an der Auswahl.

Die Bücher für Kleinkinder enthalten meist schon richtige Geschichten, dargestellt in Szenen, die schon recht viele Details zeigen. Die Texte zu den Bildern dürfen jetzt länger sein.

Das Themenspektrum umfasst:

- das Leben zu Hause;
- Abstraktes wie Liebe, Freundschaft und Hilfsbereitschaft, Wut, Ärger und Angst;
- Sachliches wie Tiere, Körper, Autos, Technik;
- Mit-Mach-Bücher, dazu gehören Bücher mit Klappen und Bücher zum Fühlen.

Favoriten für Kleinkinder
Toptitel unter den Büchern für Zwei- bis Dreijährige ist „Wo die wilden Kerle wohnen" (Diogenes). Darin geht es um einen trotzigen Jungen, der ohne Essen ins Bett geschickt wird und ein verwegenes Abenteuer als König der Wilden Kerle besteht. Und noch zwei Bilderbuchfiguren sollten alle Kinder kennen: zum einen den „Kleinen Eisbären" (Nord-Süd), der immer wieder von zu Hause weg und sich in der Ferne bewähren muss,

und zum anderen den „Regenbogenfisch" (Nord-Süd), der sich von einem arroganten Glänzende-Schuppen-Besitzer zu einem hilfsbereiten, couragierten Problemlöser entwickelt.

Das Vorlesen sieht bei jedem Kind anders aus

Wort für Wort
Es gibt viele Kinder, die wollen eine Seite nach der anderen vorgelesen bekommen und genau den Text hören, der abgedruckt ist. Und wehe, die Eltern machen einen Fehler oder wollen etwas abkürzen!

Mit eigenen Worten

Andere wünschen, dass Mama oder Papa den Text mit eigenen Worten erzählt.

Mit Erlebnissen gewürzt

Die Nächsten sind noch anspruchsvoller, die verlangen, dass in die Erzählung Erlebnisse des Kindes eingebaut werden.

Bücher als Redeanlass

Und dann sind da noch die Kinder, die die Bücher eigentlich nur als Redeanlass brauchen. Da heißt Vorlesen eigentlich eher Ein-Gespräch-Führen. Diese ganzen Vorlesearten gehören eher zu Büchern über zwischenmenschliche Ereignisse.

Seite für Seite anschauen

Eine weitere Form des Vorlesens ist eigentlich eher ein Einzelne-Seiten-Betrachten, wie die Eltern es von jüngeren Kindern kennen. Bei Zwei- bis Dreijährigen gehört sie zu den Sachbüchern, diese angeführt von den Büchern über Autos aller Art. Vor allem kleine Jungen können Stunden damit verbringen, die verschiedenen Autosorten immer und immer wieder zu betrachten. Das reicht ihnen aber oft nicht, sie wollen ein Gegenüber, einen Erwachsenen, der mit ihnen das Buch betrachtet und die Dinge benennt. Manchmal drehen sie auch die Rolle um und sagen selber, worum es gerade geht. Dann fungiert der Erwachsene eher als Korrektor. Nicht wenige wünschen auch, dass man sich anhand der Abbildungen über die Gegenstände unterhält.

Etwas tun mit Büchern

Bei der letzten Form des Vorlesens geht es um das Aktiv-Sein mit Büchern. Der Inhalt des Buches spielt dabei zwar immer noch eine Rolle, aber das Aufklappen oder Fühlen ist mindestens ebenso wichtig. Hier kommen Kinder aus der Zuhörer-Rolle heraus und können selber etwas tun. Eltern sollten sich allerdings nicht ärgern, wenn dann doch mal eine Klappe abreißt oder etwas zum Fühlen nicht im Buch bleibt. Zwei- bis Dreijährige sind in ihrer Feinmotorik noch nicht so weit entwickelt, dass sie genau wissen, wann die Klappe nicht mehr hält. Und manchmal wollen sie natürlich auch testen, wie viel so ein Buch aushält ...

Andere Medien

Der Medienkonsum von Zwei- bis Dreijährigen hängt in erster Linie davon ab, ob sie mit älteren Geschwistern zusammenleben oder nicht. Denn eigentlich empfehlen die Pädagogen noch einen sehr eingeschränkten Umgang mit allem Audiovisuellen. Der Computer gehört überhaupt nicht dazu, der Fernseher eigentlich auch nicht. „Pädagogisch wertvoll" sind nur Kassetten, ab jetzt auch nicht mehr nur mit Liedern, sondern sogar schon mit kleinen Texten.

Die stammen zumeist von Bilderbüchern für die gleiche Altersgruppe. Vertont sind zum Beispiel „Bobo Siebenschläfer" (Jumbo), „Die kleine Raupe Nimmersatt" (Jumbo), „Der kleine Bär" (Jumbo) und „Weißt du eigentlich, wie lieb ich dich hab" (Jumbo).

Trotz der Warnung aller Fachleute gibt es auch schon Videos für Klitzekleine. Und die sind noch nicht einmal schlecht, sondern qualitativ gut gemachte Verfilmungen von Bilderbuchgeschichten. So gibt es Videos von

„Mausi" (Universal), vom „Kleinen Feuerwehrmann" (highlightvideo) und vom „Kleinen Maulwurf" (Polyband). Sie haben den Vorteil, dass die Geschichten sehr kurz und sehr vereinfacht bebildert sind. Und als Video lassen sie sich jederzeit ausschalten.

Die Fernsehzeiten für so Kleine sollten unbedingt auf 10 bis 15 Minuten begrenzt werden. Die Eltern tun ein Gutes daran, sich dazuzusetzen. Die schwierigere Aufgabe in diesem Zusammenhang ist es, wenn größere Kinder da sind. Die kleineren wollen selten einsehen, dass sie nicht mitschauen dürfen. Doch Eltern sollten konsequent sein. Sendungen für Ältere ängstigen Kleinkinder fast immer, ganz abgesehen davon, dass sie sie nicht verstehen.

Geschenkanlässe

Geschenke haben für Kinder fast magischen Charakter. Versprechen und symbolisieren sie doch viel: Liebe, Zuwendung, Jemand hat an mich gedacht, Abwechslung, Spannung. Kinder sind in diesem Punkte leider pure Materialisten. Verzicht kann man von ihnen noch nicht erwarten. Das geht so weit, dass viele Kinder sich noch jahrelang daran erinnern können, was sie zu welchem Geburtstags- oder Weihnachtsfest geschenkt bekamen, wie alt sie da waren, von wem das Geschenk stammte usw. Umso effektiver ist es, wenn Eltern und Verwandte Geschenkanlässe wie Geburtstag und Weihnachten nutzen, um Bücher zu überreichen. Diese Bände haben mehrfache Bedeutung. In den Augen der Pädagogen vor allem diejenige, dass die Bücher für die Kinder solch einen Wert haben, dass sie als Geschenk ausgewählt werden. Und dass die Kinder sich daran gewöhnen, zu solchen Anlässen keine Technikspektakel, sondern eben bedrucktes Papier zu bekommen. Oder vielleicht auch beides, ein oder zwei Bücher sollten aber immer dabei sein. Nicht selten gewöhnen sich die Kleinen dann daran und wünschen sich Bücher.

Wie wichtig ein frühes Selbstverständlichmachen von Büchergeschenken ist, zeigt sich daran, dass es im Grundschulalter unter Freunden oft nicht als „cool" gilt, Bücher zu verschenken. „Das ist mir peinlich, der will nur was von Lego", das oder Ähnliches hören dann die Eltern, wenn ihre Kids zu einem Kindergeburtstag eingeladen werden.

Bücherschenken kann aber auch „zwischendurch" passieren. So lag der sechsjährige Manuel mit Fieber im Bett, als die Mutter ihm zu diesem Anlass das neueste Felix-Buch „Weltbeste Briefe" (Coppenrath) kaufte und auch gleich vorlas. Welch Wunder, das Kind war sehr bald wieder gesund. Das Vorlesen gehört in diesem Fall zum so genannten Krankheitsgewinn. Und dass der Junge endlich das Buch besaß, auf das er sich schon lange gefreut hatte, ebenso.

Kindergartenkinder: 3 bis 4 Jahre

Seit zwei Wochen geht Sebastian in den Kindergarten. Er hatte sich sehr darauf gefreut. Aber die Anfangsbegeisterung ist schnell der Erkenntnis gewichen, dass er jetzt jeden Tag dorthin soll. „Ich will nicht in den Kindergarten. Ich will zu Hause bleiben." An diesem Morgen weint Sebastian sehr, als die Mutter ihn in den Kindergarten bringt. Beim Abholen gibt die Erzieherin Sebastians Mutter ein Buch mit: „Nein!, sagt Julius" (Moritz). Nach dem Mittagessen setzt sich die Mutter mit ihm gemütlich auf das Sofa und liest ihm vor. Da geht es um einen kleinen Jungen, der sich heftig gegen den Kindergarten wehrt. Er lehnt alles ab: den Abschiedskuss, die Begrüßung, selbst das Geschenk eines Kindes, bis es einer Erzieherin gelingt, ihn zum Mitspielen zu bringen. Sprachlos hört Sebastian der Geschichte zu: „Noch mal lesen!", bittet er seine Mutter. Nur reden darüber, das möchte er nicht.

Im vierten Lebensjahr lernen Kinder, Zusammenhänge zu begreifen und logisch zu denken. Sie entwickeln auch allmählich ein einfaches Verständnis von zeitlichen Abläufen. Gestern, heute und morgen sind nicht mehr eins, aber sie können die Zeiten auch noch nicht genau auseinander halten.

Allerdings verstehen die Kinder noch nicht genug, um alles erklären zu können. Sie haben ein magisches Denken, sagen die Psychologen dazu. D. h. sie denken, alles, was um sie herum geschieht, wird durch eine Handlung von ihnen selber ausgelöst. Das Auto fährt, weil sie es wollen, das Fernsehen zeigt Bilder, weil sie es wünschen. Schwierig sind die häufigen Schuldgefühle, denn ein Dreijähriges denkt z. B.: „Weil ich böse war, ist Mama jetzt krank." Oder Ähnliches.

Drei- bis Vierjährige interessieren sich schon für recht komplexe Dinge wie Gesundheit, Umwelt, Musik. Auch Themen wie Tod, Gewalt und Krieg werden gegen Ende des vierten Lebensjahres bei manchem Kind aktuell. Allerdings können Kinder in diesem Alter noch nicht immer zwischen Realität und Fantasie bzw. medialer Darstellung unterscheiden. Hexen und Zauberer aus Büchern und anderen Medien sind für sie genauso real wie die Wirklichkeit. Erst gegen Ende des vierten Lebensjahres entwickeln sie ein Bewusstsein dafür, dass es hierbei einen Unterschied gibt. Und erst zwei Jahre später wissen die Kinder genau, was Fantasie und was Wirklichkeit ist.

Mit drei Jahren kommen die meisten Kinder in den Kindergarten, sie haben seit einigen Jahren sogar ein Recht darauf. Hier lernen sie u. a. eine besonders wichtige Fähigkeit, nämlich sich in Gruppen einzufügen und Regeln zu akzeptieren. Viele Kinder brauchen allerdings einige Monate, bis sie sich im Kindergarten orientiert haben und insbesondere, bis sie intensivere, zumindest einige Zeit überdauernde Freundschaften knüpfen.

Leseförderung bei Drei- bis Vierjährigen

Handlungsabläufe verstehen
Aufgrund ihres Verständnisses von Abläufen begreifen Drei- bis Vierjährige jetzt schon längere Geschichten mit einer durchgängigen Handlung. Und die beginnt für sie in jedem Fall vorne im Buch und nicht mittendrin.

Das Geschehen im Buch übertragen

Noch etwas geschieht zu dieser Zeit. Das abstraktere Denken ermöglicht Kindern, die Situationen im Buch auf ihr eigenes Leben zu übertragen – und andersherum können sie selber Erlebtes im Buch wieder finden. So wie bei Sebastian im obigen Beispiel sind Bücher jetzt großartige Möglichkeiten, Probleme und Interessen der Kinder mit Büchern zu verarbeiten bzw. den Wissenshunger zu stillen. Drei- bis Vierjährige haben oft viele Ängste, bedingt durch ihr gedankliches Verschmelzen von Wirklichkeit und Fantasie und bedingt durch ihr magisches Denken. Ganz vorn in dieser „schwarzen" Liste stehen Ängste vor der Loslösung von den Eltern, vor Verletzung, Räubern, Geistern.

Märchen

Es gibt wohl keine Inhalte, die Ursituationen des Menschen besser abbilden als Märchen, wobei manche noch zu schwierig sind für Dreijährige. Gute Einstiegsmärchen sind „Hänsel und Gretel" und „Rotkäppchen", letztlich alle Märchen der Brüder Grimm, aber einige sollte man sich für die Vier- bis Fünfjährigen aufheben. Wie hilfreich solch ein Märchen sein kann, hat Jakob vorgeführt. Er hatte extreme Trennungsängste, als er in den Kindergarten kam, und sehr viel Angst vor Feuer. Bei Hänsel und Gretel fand er beides. Monatelange mussten die Eltern ihm dieses Märchen immer und immer wieder vorlesen, und zwar im langen und recht schwierigen Originaltext. Das ist für Kinder in diesem Alter eher ungewöhnlich. Er verstand am Anfang vermutlich noch nicht jedes Wort, aber durch die häufigen Wiederholungen war ihm der Text irgendwann vertraut.

Ulla Hahn: Hätte sie nur lesen und schreiben können!

„Die Leidenschaft zum Lesen und Schreiben, Namengeben; die Wirklichkeit zur Sprache zu bringen und sie mit Worten zu verwandeln: Haben mich das die Märchen gelehrt? Vor allem haben sie eines bekräftigt, den Mut und das Vertrauen des Kindes, dem Fremden und Geheimnisvollen furchtlos zu begegnen, eine Haltung fürs Leben."
(Naumann, Verführung zum Lesen, 2003 ,S. 83)

Schwierige Texte dem Alter anpassen

Die Texte der Bilderbücher stellen für manche Kinder ein Problem dar. Sie sind häufig für die Altersgruppe von drei bis sechs Jahren geschrieben. Das bedeutet, dass der Text für die Dreijährigen noch zu lang ist. Eltern haben hier die Möglichkeit, die Geschichte mit eigenen, einfacheren Worten zu erzählen. Ein halbes oder ein Jahr später sind die Kleinen dann vielleicht in der Lage, den kompletten Text im originalen Wortlaut zu verstehen.

Wichtig in dieser Zeit ist, dass die Bücher stark bebildert sein sollten. Reine Vorlesebücher ohne Illustration mögen die Kinder jetzt noch nicht.

Sachbücher für Kleine sind großartig

Viel Spaß bereiten Eltern und Kind in diesem Alter Sachbücher, zum Beispiel die Reihe „Wieso? Weshalb? Warum?" (Ravensburger), in der auf dicken großen Pappseiten sehr ausführlich ein Thema behandelt wird: mit Abbildungen, mit längeren und kürzeren Texten, mit Klappen zum neugierigen Nachgucken. Und die Reihe „Meyers kleine Kinderbibliothek" (Bibliographisches Institut) macht es auf eine andere Weise raffiniert: in kleinen, handlichen, prächtig illustrierten Büchlein, die durch Folien tiefere Einblicke ermöglichen.

Andere Medien

Der Medienmarkt hat sich in den letzten Jahren zunehmend auf die unteren Altersgruppen ausgedehnt.

Fernsehen für Kleine
TV-Sendungen für Dreijährige gibt es mittlerweile – im Gegensatz zu früheren Jahren – recht viele. Und davon sind tatsächlich einige empfehlenswert. Allerdings werden diejenigen, die wir für qualitativ überzeugend halten, fast alle in der ARD, im ZDF – und im Kinderkanal gesendet, dieser segensreichen Einrichtung der öffentlich-rechtlichen Sender. Der Kinderkanal ist laut seiner Macher werbe- und gewaltfrei. Wobei Letzteres für die Sendungen für ältere Kinder und Jugendliche nicht immer ganz zutrifft. Bei den Sendungen für Kleine stimmt das Postulat. Nun laufen die Sendungen – auch für die Kleinen – von sehr früh morgens bis abends um 19 Uhr, Filme für Jugendliche sogar bis 21 Uhr. Deshalb funktioniert auch der vernünftige Konsum des Kinderkanals nur mit Auswahl und zeitlicher Beschränkung.

Buchhandlungen und Bibliotheken

Zunehmend mehr Buchhandlungen sind heute auf kleine Kinder eingestellt. Sie haben zumindest eine Bücherkiste, in der die Kleinen wühlen dürfen. Manche Buchhandlungen haben gar richtige Spielecken. Und einige bieten darüber hinaus Veranstaltungen für Kleine an, Lesungen und Vorlesestunden. Das Gleiche gilt für Bibliotheken, wobei es in den großen Städten sogar auf Kinder spezialisierte Bibliotheken gibt.

Diese „Bücherorte" stellen für Kinder eine großartige Chance dar. Sie erfahren, dass Bücher-Einkaufen und -Ausleihen genauso selbstverständlich sind wie das Besorgen von Milch, Obst und Brot. Kinder, die damit aufwachsen, entwickeln nicht das, was die Psychologen Schwellenangst nennen. In diesem Fall ist das die Angst, in eine Buchhandlung oder in eine Bibliothek zu gehen und sich dort ein Buch über ein bestimmtes Thema zu suchen.

Eltern sollten ihre Kinder mitnehmen, wenn sie selber Bücher bestellen, abholen, ausleihen oder gar nur „schnuppern" gehen. Es ist auch sinnvoll, dass die Kleinen erfahren, dass man in Buchhandlungen Geschenke für andere besorgt. Besonders attraktiv ist ein Buchhandels- oder Bibliotheksbesuch natürlich, wenn die Kids selber ein Buch kaufen oder ausleihen dürfen.

Ob Kaufen, Schmökern, Ausleihen, jeder Besuch in Buchhandlung oder Bibliothek gehört zur „Gewöhnung an das Buch". Schade, wenn Eltern ihre Kinder nicht daran beteiligen. Und schade, wenn sie die Bücher ausschließlich übers Internet bestellen. Auch wenn das zugegebenermaßen sehr bequem ist. Und sogar diese Form des Buch-Kaufens ist attraktiv für Kinder. Denn der Postbote bringt ja dann vielleicht etwas für sie ...

Das wichtigste Auswahlkriterium sollte das Alter sein. In „Flimmo" (s. S. 46) und Fernsehzeitschriften wie „Hörzu" finden Sie die genauen Angaben zu den Sendungen. Die zeitliche Beschränkung der Fernsehzeit für Dreijährige sollte etwa bei einer halben Stunde liegen. Das entspricht ein bis zwei Sendungen für Kleine im KIKA. Oder Sie wählen Videokassetten, dann lässt sich die Zeit durch den Ausknopf festlegen. Ohne Vorgaben beenden die Kleinen ihre Fernsehzeit nicht von allein.

Empfehlenswerte Sendungen, finden wir, sind vor allem „Die Maus"
(KIKA), „Löwenzahn" (KIKA), „Siebenstein" (KIKA) und „Was ist was"
(SuperRTL). Sie bestehen alle aus kleinen Informationssendungen und
kurzen Geschichten, die in eine Rahmengeschichte rund um eine sympa-
thische Figur eingebunden sind. Auch Verfilmungen von Kinderbüchern
wie „Der kleine Bär" (Kinowelt Home Entertainment), „Heidi" (Junior
edelkids) oder „Die Biene Maja" (Junior edelkids) sowie alle Augsburger-
Puppenkister-Produktionen (alle auf Video erhältlich, Sony) sind für diese Altersgruppe gut verständlich.

Computer

Noch nicht in allen Familien gang und
gäbe ist es, die Drei- bis Vierjährigen
an den Computer zu lassen. Falls
Eltern dazu bereit sind, dann finden sie
inzwischen einige durchaus empfehlenswerte CD-ROMs, die vorwiegend
von den Firmen Tivola, Terzio und
Cornelsen stammen. Die meisten
basieren auf Bilderbüchern, so zum
Beispiel „Klopf an!" (Terzio), „Lauras
Sternenreise" (Tivola) oder „Mats und
die Streifenmäuse" (Cornelsen). Der
Vorteil dieser Produktionen ist zum
einen, dass ihre Qualität durch die
Bilderbuchmacher gewährleistet ist,
zum anderen, dass die Kinder die
Figuren aus den Büchern bereits kennen und nun damit in einem anderen
Medium umgehen dürfen. Auch für
den PC gilt: ein Zeitlimit setzen, und
zwar, laut Pädagogen, eine halbe
Stunde entweder PC oder Fernsehen,
oder eben von beidem je 15 Minuten.
Beim PC hören Kinder in diesem Alter
meist von alleine auf, weil die
Konzentration darauf für sie recht
anstrengend ist.

Kindergartenkinder: 4 bis 5 Jahre

„Wer singt die Lieder, Papa?", fragt der vierjährige Niklas. „Die Musiker heißen Wolfgang Hering und Bernd Meyerholz und sind nächste Woche in unserer Stadt." „Stimmt das auch?" „Na klar, die treten in der Stadthalle auf, da gehen wir hin." Niklas kann es kaum erwarten. Schon seit er ganz klein ist, liebt er die Kassetten vom Trio Kunterbunt. „Muskeln müssen stark sein" ist sein absoluter Favorit. Und neulich, im Kinderturnen, da haben sie sogar in der großen Turnhalle nach den Liedern geturnt, die er schon so lange kennt. Und die soll's wirklich geben? Niklas kann es fast nicht glauben.

Dann, tatsächlich, sitzen und stehen da die Musiker vorne auf der Bühne, fast zum Anfassen nah, und singen das Muskellied, den witzigen Ohrwurm, und noch viele andere seiner Lieblingslieder. Bei vielen dürfen die Kinder mitmachen, mit Händen und Füßen, mit Kopf und Armen. Und bei den Liedern zum Zuhören, da singt er ganz leise mit. „Toll", meint er zu seinem Papa, als das Konzert zu Ende ist. Er klatscht so lange, bis ihm die Hände wehtun.

Kinder wissen nun um ihre eigene Existenz unabhängig von der Mutter und können auch zwischen Fantasie und Wirklichkeit unterscheiden. Das bedeutet, dass sie auch die Standpunkte anderer Menschen verstehen können. In diesem Alter intensivieren Kinder passend zu diesen Fähigkeiten das, was wir Rollenspiel nennen, also Simulationen von Wirklichkeit in kleinem Rahmen. Vater-Mutter-Kind ist die häufigste Form, aber dazu gehören auch Arzt-Spielen, Einkaufen-Spielen etc. Die Sprachentwicklung von Vier- bis Fünfjährigen schreitet vor allem im Wortschatz rasch voran, sie beherrschen nun ca. 8.000 Wörter. Und sie sind in der Lage, dialogisch zu erzählen, d. h. selber Dialoge zu führen und auch Dialoge wiederzugeben.

Leseförderung bei Vier- bis Fünfjährigen

Das ureigentliche Lesen, wie wir es verstehen, gewinnt in diesem Alter an besonderer Bedeutung. Es entspricht jetzt recht gut dem klassischen Bild mit einem Erwachsenen im Ohrensessel, der vorliest, und einem Kind, das daneben auf dem Boden sitzt oder das sich an den Vorleser ankuschelt. Das klingt nach heiler Welt – und das ist es auch.

Treffer-Bücher
Vier- bis Fünfjährige können bereits sehr gut über sich selber reflektieren. Anhand von Büchern funktioniert das noch viel besser. Nie lässt es sich leichter über etwas reden, als wenn eine Figur im Buch etwas stellvertretend erlebt.

Grenzen-Übertreten, Wütend-Sein, d. h. sich selber noch nicht richtig beherrschen können, ist häufig Thema von Kindergartenkindern. „Michel aus Lönneberga" (Oetinger), den fast auf der ganzen Welt alle Kinder kennen, bietet eine gute Möglichkeit, darüber zu sprechen. Mit Hänseleien anderer fertig zu werden, ist für kleine Kinder sehr schwierig. Wie sehr, das zeigt „Der Tag, an dem Marie ein Ungeheuer war" (Bajazzo), eine Geschichte über ein Mädchen, dem alles schlechte Benehmen dieser Welt – vielleicht zunächst nicht ganz zu Unrecht – angedichtet wird. Und wer sehr schüchtern ist, den traktieren die anderen Kindergartenkinder nicht gerade selten. „Maxi der Schüchterne" (Nord-Süd) greift dies in überzeugenden Bildern auf.

Eltern sollten Kindern in diesem Alter auf jeden Fall die Möglichkeit geben, über das Thema zu sprechen. Nicht, indem sie bohrend nachfragen, sondern indem sie die Kinder von sich aus darüber reden lassen.

Wort für Wort, und davon viel

Vorlesen heißt jetzt immer, den ganzen Text Wort für Wort vorzutragen. Aufgrund ihres größeren Sprachschatzes verstehen die Kinder den Text jetzt im Allgemeinen, ohne dass die Eltern ihn in eigene Worte fassen müssen. Beschäftigt sich ein Kind mit dem Thema des Buches, wird es noch öfter danach verlangen. Aber gerade Kinder in diesem Alter können schon recht unersättlich sein und wollen nicht mehr immer das Gleiche vorgelesen bekommen. Für die Eltern bedeutet das: viele Bücher leihen oder kaufen.

Feste Zeiten für Lesen und Reden

Auch der Umgang mit dem Buch braucht in einem regelmäßigen Kindergartenalltag auch einen regelmäßigen Platz. Sonst wird das Buch leicht verdrängt, weil Vier- bis Fünfjährige schon recht souverän mit den anderen Medien umgehen können. Versuchen Sie, trotz Kindergarten und Verabredungen, während der Woche eine feste Vorlesezeit einzurichten –

meist am Abend – und am Wochenende noch eine zweite. Nehmen Sie sich dafür viel Zeit. In diesen Momenten etablieren Sie in Ihrer Familie so etwas wie eine „Gesprächskultur", also intensive Unterhaltungen mit einem anderen Menschen. Vermutlich werden Sie zu keinem anderen Zeitpunkt des Tages Ihrem Kind so ausschließlich zugewandt sein wie in den Vorleseminuten oder -stunden.

„Das kenne ich schon aus dem Fernsehen …"
Eltern können jetzt auch häufiger beobachten, was Fachleute das Medienverbundsystem nennen. Das bedeutet, dass Figuren in allen Medien auftauchen, im Buch, in der Zeitschrift, auf der CD, auf der CD-ROM und im Fernsehen. Berühmtestes Beispiel ist „Löwenzahn", eine Sendung, die zum Besten gehört, was das Fernsehen Kindergartenkindern zu bieten hat. Von „Löwenzahn" gibt es alles, nur keine CD zum Hören, aber dafür ein Lexikon, eine Zeitschrift, Fernsehsendungen und sieben CD-ROMs mit Spielen und Sachgeschichten. Ähnliches bietet „Siebenstein" (ZDF) mit dem Raben Rudi, der durchs Fernsehen, durch CD-ROMs und durch Bücher flattert.

Das Lebens-Medienverbund-System
Zudem lassen sich Bücher zunehmend mehr als Anregung für Beschäftigung integrieren, sozusagen als Lebens-Medien-Verbundsystem. Viele Vier- bis Fünfjährige haben schon ausgeprägte Interessen. Ritter und Dinosaurier gehören oft dazu. Heute können Eltern zunächst Bücher dazu kaufen, dann im Internet recherchieren und am Wochenende einen Ausflug machen, zu einer Burg zum Beispiel oder zu einem naturwissenschaftlich orientierten Museum. Vier- bis Fünfjährige sind mit ihren Händen schon recht geschickt. Das bietet mehrere Möglichkeiten. Zum einen die Nutzung von Bastelbüchern, von denen es mehr als genug gibt. Am besten, Sie schauen sich mal in einer Buchhandlung oder Bibliothek um und wählen aus, zu welchem Anlass Sie ein Bastelbuch brauchen. Zurzeit ein Renner ist „Art Attack" (mehrere Bände, Dorling Kindersley), das sind Bücher zu einer Fernsehsendung (SuperRTL und Disney Channel), in der gezeigt wird, was man aus scheinbar nutzlosen Materialien alles machen kann. Daneben gibt es auch eine Zeitschrift „Bastelspaß mit Kindern" (Velber im OZ Verlag), in der es sechsmal jährlich um Basteln mit Papier & Karton, Window Color, Modellieren, Falten und mehr geht.

Bücher basteln

Bücher sind hervorragende Anregungen fürs Malen und Basteln. Ganz einfach ist es, ein Buch vorzulesen und ein Kind zu fragen, ob es dazu ein Bild malen möchte. Dazu eignet sich so ziemlich jedes Buch und jede Malmethode, ob mit Bunstiften, Filzstiften, Wachsstiften oder Wasserfarben. Ein wenig schwieriger ist es, ein Bild als Collage zu kleben. Dafür braucht man Schnipsel aus Papier oder anderen Materialien, Klebstoff und etwas festeres Papier.

Sehr beliebt bei Kindern ist es, ein ganzes „Buch" selber zu machen. Das können schon ganz Kleine, indem man ihnen ein leeres Schulheft und Kataloge gibt. Nun dürfen sie ausschneiden, was sie wollen, und aufkleben, was sie wollen. Eine Geschichte ist hier nicht unbedingt nötig.

Eine Variante eines eigenen Buches ist es, mehrere Bilder zu einer Geschichte in ein Heft zu kleben oder in einen Ordner einzuheften. Dann haben Kinder ihr eigenes Bilderbuch mit einer richtigen Geschichte geschaffen.

Eine weitere Variante und sozusagen die Krönung stellt es dar, wenn Kinder und Eltern zusammen sowohl eine Geschichte erfinden als auch die Bilder dazu kreieren. Das ist dann bereits ein mehrtägiges „Projekt", für das sich Eltern viel Zeit nehmen sollten.

Andere Medien

Im Kindergartenalter lernen Kinder auch andere Familien kennen – und hier andere Umgangsweisen mit Medien. Es beginnt die Zeit, in der Kinder nach Hause kommen und zum Beispiel sagen: „Die Nathalie darf immer die Teletubbies gucken, ich will das auch." Oder: „Der Justin hat das Computerspiel Ritter Rost, das möchte ich auch haben." Medienerziehung findet somit nicht mehr nur in der eigenen Familie, sondern im Kontext von anderen Familien statt. Das kann den Medienumgang schwieriger machen, aber manchmal auch leichter. Denn hin und wieder kommt es auch vor, dass das, was ein Kind woanders kennen lernt, ein Buch ist. Dann haben Eltern gute Karten, dieses Buch wird es lieben.

In den meisten Fällen jedoch beginnt jetzt die Zeit des intensiveren „Kampfes" um die audiovisuellen Medien. Eltern brauchen hier manchmal viel Kraft, um sich durchzusetzen. Aber es lohnt sich. Kinder, die sich früh an feste Fernsehzeiten gewöhnen, diskutieren meist erst dann wieder darüber, wenn sie ein ganzes Stück älter geworden sind und neue Grenzen in der Familie ausgehandelt werden müssen.

Videos und DVDs

Eltern tun immer noch gut daran, auf Videos und DVDs zurückzugreifen, weil man sie zeitlich problemlos in den Kinderalltag einpassen kann – unabhängig vom laufenden Fernsehprogramm. Und für diese Altersgruppe gibt es ganz hervorragende Produktionen, wie zum Beispiel die Videos über „Den kleinen Eisbär" (Warner Bros, Kinofilm), „Petterson und Findus" (edelkids, Kinofilm), „Eckhart" (kiddinx) oder die Märchenverfilmungen von Walt Disney (Walt Disney Home Entertainment) oder Publikationen unter dem Label „SimsalaGrimm" (Europa).

Hörbücher

Das Hörbuch scheint für Vier- bis Fünfjährige geschaffen, wenn man betrachtet, wie sie damit umgehen. Denn Kinder in diesem Alter beherrschen nicht nur das lange Zuhören bei vorlesenden Eltern, sondern auch beim Lauschen von Kassetten und CDs. Zudem sind sie nun in der Lage, auch selbst mit CDs umzugehen – und die meisten neueren Hörbücher erscheinen aus Kostengründen auf CD. Auf diesem Medium gibt es heutzutage so gut wie jedes in irgendeiner Form bekannte Kinderbuch, als Hörspiel oder schlichte, aber deshalb umso wertvollere Lesung. Sehr beliebt sind die Grimmschen Märchen (Universal), viele Titel von Astrid Lindgren (Universal) und auch neuere Produktionen wie „Die Wawuschels" (Hörverlag). Ganz neu ist „Das Urmel", gelesen von Dirk Bach (Patmos). Eltern können die Chance nutzen, dass Kinder jetzt für die so genannten modernen Klassiker überaus empfänglich sind. Sie brauchen auch keinen auf-

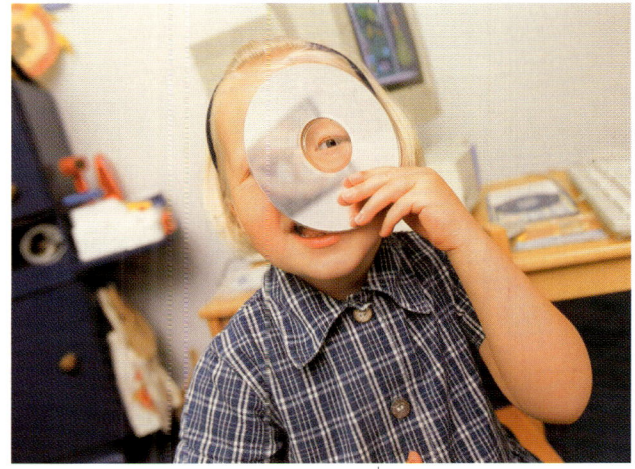

wändigen musikalischen oder dramaturgischen Rahmen, die schlichte Lesung genügt ihnen. Wir rechnen diese Form des Bekanntmachens mit Klassikern durchaus zur Leseförderung. Denn nicht selten verlangen die Kinder auch nach dem Buch, das ihnen schon einmal auf Kassette vorgelesen wurde. Außerdem lernen sie beim Zuhören eine literarisch anspruchsvolle Sprache kennen. Viele Kinder kennen kompliziertere Wörter nicht aus dem Alltagsgespräch, sondern entweder vom Vorlesen oder von einer Kassette. Und da es viele Kinder gibt, die ihre Kassetten sehr oft und immer noch einmal hören, prägen sie sich deren sprachliche Ausdrücke sehr gründlich ein.

Kindermusik
Auch Kindermusik begeistert die Vier- bis Fünfjährigen immer sehr, vor allem die modernen Kinderliedermacher, die man vielleicht auch einmal auf der Bühne sehen kann, wie das Trio Kunterbunt, Gerhard Schöne, Fredrik Vahle oder Rolf Zuckowsky. Hier paaren sich Sprachtalent mit Musikbegabung, und Kinder merken, wie sehr die Erwachsenen ihnen hier mit qualitativ hochwertiger Musik und Sprache entgegenkommen.

Gleichzeitig gibt es für diese Altersgruppe mehrere Musikreihen, die Kinder mit klassischer Musik vertraut machen. Die eine heißt „Klassik für Kids" (BMG) und stellt jeweils einen Komponisten vor. Sehr ähnlich ist „Klassik mit der Maus" (Universal). Eine weitere Reihe nennt sich „Der Holzwurm der Oper erzählt" (Universal) und widmet sich je einer Oper. Dazu gibt es Einzelwerke: „Eine kleine Zauberflöte" (Universal) oder „Peter und der Wolf" (Sauerländer), das eine Kombination aus Buch und CD darstellt. Ebenfalls eine überzeugende Verbindung aus Klassik und Literatur sind „Der Glücksengel" (SeeIgel) und „Das hässliche Entlein" (SeeIgel), zwei ungewöhnliche Produktionen aus einem engagierten Verlag.

Computer
Vier- bis Fünfjährige beherrschen den Computer häufig schon recht gut. Während wir Erwachsenen uns manchmal sehr mit dem Gerät mühen, wachsen die Kinder von heute damit auf. Im fortgeschrittenen Kindergartenalter haben sie bereits mehrere Jahre mit dem PC gelebt und oft schon einiges darauf ausprobiert. Mit vier bis fünf Jahren sind sie dann meist in der Lage, bereits ganz allein ein Computerspiel zu spielen. Und die qualitativ hochwertigen müssen auch genau dieses Kriterium erfüllen: dass sie

von einem Kind allein verstanden und gespielt werden können. Darüber hinaus sollten sie im besten Fall nicht nur zum Spielen da sein, sondern noch etwas inhaltlich oder lerntechnisch Sinnvolles vermitteln. Solche Spiele nennt man Edutainment-Spiele (s. a. S. 49).

Überaus ansprechend gestaltet sind die CD-ROMs über „Max" (Tivola), bei denen jedes Mal in einem Suchspiel nach Teilen für einen Brief, ein Rätsel oder auch für gelbe Socken gefahndet werden muss. Max gehört zu den wenigen überzeugenden ganz neuen Medienfiguren, die zuerst auf einer CD-RCM und dann im Buch aufgetaucht sind. Max jedenfalls ist eine Kultfigur für Kindergartenkinder. Zunächst im Buch gab es das witzige „Sams" (Terzio), das es mittlerweile auch auf eine vom Autor gezeichnete CD-ROM geschafft hat. Dabei ist es genauso humorvoll wie im Buch. Ebenfalls zuerst auf Papier gab es „Der kleine Rabe Socke" (Tivola), der nun schon viele Male auch im PC frech sein darf. „Siebenstein" (Terzio) darf in dieser Aufzählung nicht fehlen, sie war zuerst im Fernsehen zu bewundern, bevor sie auf der Scheibe landete. Last not least ein Muss: „Löwenzahn" (Terzio), der mittlerweile auf sieben CD-ROMs Kindern die Welt nahe bringt. Dafür wurde er schon mehrfach ausgezeichnet.

Kinderkonzerte

Vier- bis Fünfjährige sind für längere Live-Lesungen oder Theateraufführungen meist noch zu klein. Vorleserinnen in Kindergärten wissen das. Mehr als zwanzig Minuten hören die Kleinen auf keinen Fall zu. Umso faszinierender ist es, wie lange sie bei Konzerten mit Kinderliedermachern „Ohr" sind. Ein- bis eineinhalb Stunden halten sie hier durch. Kinder sind dabei mehrfach angesprochen: zum einen vom Liedermacher selbst, der sie als Person fasziniert, zum Zweiten durch die Texte, die thematisch und sprachlich ihrem Alter angepasst sind, zum Dritten durch die Musik, die von den Liedermachern eigens für diese Altersgruppe komponiert wurde. Falls in Ihrer Stadt ein solches Konzert angekündigt wird – von einer Buchhandlung oder einer Bibliothek initiiert –, dann sollten Sie Ihrem Kind dieses Erlebnis gönnen und sich selbst natürlich auch.

Vorschulkinder:
5 bis 6 Jahre

„Ich will auch eine Zeitung!", schreit die fünfjährge Ann-Kathrin, als ihre Mutter vor dem großen Zeitschriftenregal im Supermarkt steht. „Das sind keine Zeitungen, sondern Zeitschriften", belehrt sie ihre Mutter. „Und warum möchtest du eine, du kannst doch noch gar nicht lesen?" „Aber da sind doch so viele Zeitschriften für Kinder, guck mal, Mama!" Etwas ratlos schaut Ann-Kathrins Mutter auf die vielen bunten Magazine. „Weißt du was", sagt sie, „ich kaufe eine Zeitschrift, in der auch ein Teil für Kinder ist, die können wir zusammen lesen." „Na gut." Zu Hause blättert Ann-Kathrin mit Begeisterung durch „spiel mit", den Kinderteil der Zeitschrift „spielen und lernen". Da gibt es Suchspiele, Geschichten, Rätsel und Bastelanleitungen. „Bitte lies mir vor und mach die Rätsel mit mir", bittet sie ihre Mutter. „Na klar."

Fünf- bis sechsjährige Kinder zählen zu den so genannten Vorschulkindern. Und die beherrschen schon eine Menge. Sie können meist recht gut mit Papier, Stift und Schere umgehen. Sie lösen Rätsel und arbeiten mit Suchbildern, die für ihre Altersgruppe konzipiert sind und die noch nicht das Lesen voraussetzen.

Sie sind häufig in der Lage, ihren Namen zu schreiben und bis zehn zu zählen – nicht alle, aber viele. In anderen Ländern werden Kinder in diesem Alter eingeschult, weil sehr viele in diesem Alter Interesse an Buchstaben und Zahlen entwickeln. Hierzulande liegt das Einschulungsalter bei 6,7 Jahren. Für einige Kinder dauert es ihrem Empfinden nach viel zu lange, bis sie endlich lesen, schreiben und rechnen dürfen. Die Diskussion um die PISA-Studie wird an der Einschulungspraxis und dem „Lehrplan" im Kindergarten vermutlich in dieser Richtung einiges verändern.

Leseförderung bei Vorschulkindern

Eltern haben jetzt gute Karten bei der Unterstützung des Lesens. Der Buchmarkt hält Bücher aller Art für diese Zielgruppe bereit. Erzählende Lektüre, Sachbücher, Erstlesebücher für Fünfjährige mit Bildern, Lernbücher, Zeitschriften – und Bücher, in denen es um Buchstaben geht.

Nutzen Eltern dieses Angebot, dann geben sie ihrem Kind einen großen Schatz mit: nämlich den Spaß am Lesen. Und je motivierter ein Kind zum Lesen-Lernen und zur Beschäftigung mit Gedrucktem ist, desto leichter wird es ihm fallen.

Vorlesen bei Fünfjährigen kann auch den Eltern viel Spaß machen. Denn Vorschulkinder sind zu langer Konzentration fähig, vor allem beim Vorlesen. So kommen zeitliche Grenzen dafür jetzt eher von den Erwachsenen, weil die Kinder durchaus bis zu einer Stunde zuhören können. Nur die Erwachsenen – außer sie sind zufällig Sprecher oder Schauspieler – haben nach den 60 Minuten das Gefühl, einen Knoten in der Zunge zu haben. Außerdem verstehen Vorschulkinder bereits recht komplizierte Texte. Das heißt für Eltern, dass das Vorlesen auch inhaltlich spannender wird. Nicht, dass die Bilderbücher für die Kleineren ihnen nicht gefielen, aber sprachlich Schwierigeres entspricht nun mal häufig eher den Erwachseneninteressen.

Die Zeit der Klassiker beginnt

Klassiker sind jetzt angesagt, „Pinocchio" zum Beispiel oder „Peterchens Mondfahrt". Auch die Astrid-Lindgren-Evergreens wie „Pippi Langstrumpf", „Karlsson vom Dach" und „Die Kinder von Bullerbü" sind für Fünfjährige genau richtig. Darüber hinaus gibt es selbstverständlich sehr viele erzählende Bücher, die sich mit der Schule beschäftigen. Da dieses Thema im letzten Kindergartenjahr meist für Kinder und Eltern an Bedeutung gewinnt, ist es sinnvoll, es via Buch zu „bearbeiten".

Fünfjährige sind zwar nicht mehr im Warum-Alter wie Kleinkinder, aber sie fragen den Erwachsenen dennoch oft ein Loch in den Bauch. Deshalb gibt es beispielsweise „Wie kommen die Streifen in die Zahnpasta?" (OZ) oder „Woher kommen Blitz und Donner?" (OZ).

Bei den Erstlesereihen geben einige Verlage Titel heraus, die manchmal, im Text verstreut, Bilder statt Worte enthalten. Wer mag, kann sein Kind „mitlesen" lassen, d. h. den Satz vorlesen, beim Bild anhalten, weiterlesen. Und als Erstklässler kann das Kind dann den ganzen Text selber entziffern.

Das Konzept geht für die Vorschulkinder allerdings nicht immer auf, die wollen den ganzen Text hören, und zwar ohne Unterbrechung.

Buchstaben sind toll

Viel Freude bereiten den Vorschulkindern die so genannten ABC-Bücher, das sind Titel, die die Buchstaben vorstellen. Zwei Tipps: „Trauriger Tiger toastet Tomaten" (Peter Hammer). Hier wird mit Nonsens-Sprüchen der Spaß an der Sprache geweckt. Und „T wie Tukan" (Aufbau), das mit Tierbildern und akkuraten künstlerischen Zeichnungen das Alphabet erklärt.

Beschäftigungsbücher

Spätestens jetzt wird der so genannte Nachmittagsbuchmarkt für die Kleinen interessant. Dazu zählen die Bücher, die eigentlich eher wie etwas fester gebundene Zeitschriften aussehen und meist im DIN-A4-Format sind. Das sind „Beschäftigungsbücher", „Lernbücher", „Mitmach-Bücher", „Vorschulhefte", wie auch immer man sie nennen mag. Sie laden ein zum Ausschneiden, zum Kleben, zum Malen, zum Rätsel-Lösen, zum Üben von Buchstaben und Zahlen. Eltern sollten die Hefte genau anschauen: Viel hilft hier nicht unbedingt. Sind die Seiten zu voll gedruckt, mögen Eltern den Eindruck haben, ihren Kindern würde auch viel geboten. Das Gegenteil ist der Fall. Die Seiten sollten nicht zu voll, sondern übersichtlich gestaltet sein, die Arbeitsanweisungen einfach. Ein Markenzeichen für gelungene Bücher dieser Art ist der Name Dorothee Raab (Cornelsen Scriptor). Allerdings: Wer erwartet, dass mit dem Buchkauf der Nachmittag der Alleinbeschäftigung dient, täuscht sich. Vorschulkinder brauchen jemanden, der ihnen die Arbeitsanweisungen vorliest und eventuell erklärt und bei dem sie nachfragen können.

Lyrik

Vorschulkinder mit ihrem großen Verständnis für Sprache und mit ihrem Spaß, damit umzugehen, sind außerordentlich empfänglich für Lyrik, während Eltern daran eher mit Grausen denken, wenn sie auf ihre Schulzeit zurückblicken. Schade. Denn sowohl traditionelle als auch heutige Gedichte können Kinder bei ihrer Freude an Sprachspielereien abholen als auch Interesse daran wecken – und das schließt durchaus das Nachdenken über den tieferen Sinn von Lyrik ein.

Zwei aktuelle Gedicht-Sammlungen bieten reichlich Auswahl an, zum einen „Großer Ozean" (Beltz & Gelberg), zusammengestellt vom Gründer des Verlags, in dem sich das Beste vom Besten aus aller Welt findet, und zum anderen „War mal ein Lama in Alabama", das von Limericks bis zu Kartengrüßen alle möglichen Situationen mit Gedichten beschreibt. Beide Bände sind zum Selber-Lesen erst sehr viele Jahre später geeignet, aber Vorschulkinder lassen sich ausgesprochen gern Gedichte vortragen.

Andere Medien

Vorschulkinder gehen schon mit sehr vielen Medien um. Neben Buch und Zeitschrift kennen sie Kassette, CD, Video, DVD, CD-ROM und leider auch in vielen Haushalten Gameboy, Nintendospiele und die Spiele für die Konsole. Pädagogisch wertvoll ist von den drei Letztgenannten kein einziges. Sie alle zählen zu den Bildschirmspielen, bei denen sich die Pädagogen einig sind, dass Eltern diese zeitlich stark begrenzen sollten – im Vorschulalter auf 30 Minuten, was allerdings kaum eine Familie durchhält. Haben sich Eltern breitschlagen lassen und Gameboy-, Nintendo- oder Konsole-Geräte angeschafft – wobei einige Eltern sie auch gerne selber benutzen –, dann wird die Organisation der Spielzeit häufig zum Kampf.

Das „Abstellen vor dem elektronischen Babysitter Bildschirm" ist unverständlich, da die anderen Medien wie CD und CD-ROM in dieser Altersgruppe schon so selbstverständlich genutzt werden können, dass die Kids sich auch damit eine ganze Weile allein beschäftigen – und das ist meist sinnvoller als das planlose Einschalten des Fernsehers.

Hörbücher

Hörbücher für Fünf- bis Sechsjährige gibt es bis zu zwei Stunden lange, CD-ROMs wie Löwenzahn faszinieren durchaus auch mal länger als 30 Minuten, und zwar ohne dass die Eltern dabei in irgendeiner Weise gefragt sind.

Fernsehen

Fernsehfilme für diese Altersgruppe können zur allgemeinen Familienunterhaltung werden. „Der kleine Eisbär" (Warner Bros), „Das Sams" (Kinowelt), „Ice-Age" (20th Century Fox) oder auch die Märchen-Verfilmungen der DEFA (Icestorm) sind anspruchsvoll und altersgemäß gleichzeitig. Da macht es fast keinen Unterschied, ob man die Filme im Kino oder zu Hause sieht. Nur gemeinsam, das sollte sein und das finden Kinder sehr gemütlich. Manch Erwachsener ja vielleicht auch.

Kinderzeitschriften

Ob beim Friseur, im Wartezimmer beim Arzt oder abends auf dem Sofa nach einem anstrengenden Arbeitstag: Wir alle blättern gern in Zeitschriften. Wir wollen in solchen Situationen kein Fachbuch lesen und auch für einen Roman oder eine Biographie bringen wir nicht die erforderliche Konzentration auf. Zeitschriften bieten dann genau das, was wir brauchen: intelligente, optisch ansprechend aufbereitete, kurze Information. Kindern geht es genauso. Auch sie blättern gern durch bunte Seiten, lassen sich gefangen nehmen von Fotos oder auch von Werbung, lesen sich hier und da fest – wenn sie schon lesen können. Oder sie bitten Mama oder Papa, ihnen etwas aus der Zeitschrift vorzulesen. Eltern sollten also keine Scheu haben, ihre Kinder nicht nur früh an Bücher, sondern auch an Zeitschriften zu gewöhnen. „Spiel mit" in „spielen und lernen" ist ein schöner Anfang, ebenso Zeitschriften wie „Die Maus" oder „Löwenzahn". Kinder, die damit früh vertraut gemacht werden, gehören dann ab dem Grundschulalter zu denjenigen, die sich Zeitschriftenabonnements wünschen und jeden Monat mit viel Freude das neue Heft erwarten.

Erstklässler: 6 bis 7 Jahre

Der sechsjährige Jan-Niklas malt Bs, vier Reihen lang, und Us, vier Reihen lang. „Aber die Buchstaben kann ich doch schon!", protestiert er.

„Nun versuch mal, die Buchstaben zusammen zu lesen!", fordert ihn seine Mutter auf.

„B – U, B – U."

„Versuch es noch einmal!"

„B – U, B – U."

„Noch mal!"

„BU, das heißt BU, Mama."

„Richtig! – Und was heißt: B und U und S?"

„Heißt das BUS?"

„Ja, gut gemacht. Und genau so muss man auch alle anderen Buchstaben aneinander setzen."

Erstklässler haben die Welt der Buchstaben meist schon vor der Schule entdeckt. Sie begegnen ihnen ja auch überall: auf Schildern, auf Verpackungen, auf Gebäuden. Aber Lesen lernen ist ein weitaus komplizierterer Vorgang als Buchstaben entziffern. Es heißt zunächst, Buchstaben zu kennen und in jeder Kombination mit anderen verbinden zu können. Weiter heißt es, Buchstaben und auch Silben in Wörtern wieder zu erkennen und sie in immer neuen Zusammensetzungen zu verwenden. In der vorletzten Phase des Lesenlernens sind Kinder dann in der Lage, jedes Wort zu buchstabieren – was allerdings nicht bedeutet, dass sie dann flüssig lesen. Und sie verstehen auch oft nicht, was sie buchstabiert haben. Das richtige Lesen beherrschen Kinder erst, wenn Buchstaben-Erkennen und -Zusammensetzen automatisch passieren. Nun buchstabieren die Kinder nicht mehr bewusst, sondern sie können sich jetzt allein auf den Inhalt eines Textes konzentrieren. Der schnellste Weg hierzu ist Üben. Dazu muss man motiviert werden. Und da sind die Eltern gefragt.

Leseförderung bei Erstklässlern

Am Anfang der Schulzeit können Kinder noch keine Bücher lesen. Eltern sollten somit keine allzu großen Erwartungen an ihre Erstklässler stellen. Die Kleinen beherrschen am Anfang einzelne Wörter, aber noch keine zusammenhängenden Texte. Das dauert bei manchen Kindern einige Monate, bei anderen bis zum Ende des ersten Schuljahrs. Wenn die Kinder dann in der Lage sind, mehrere Sätze zu lesen, dann ist das für sie häufig noch sehr anstrengend. Da brauchen Eltern manchmal kleine Tricks, um sie zum Lesen zu bringen.

■ Der erste heißt „Anlesen", das bedeutet, dass Mama oder Papa den ersten Teil einer Geschichte vorlesen und dann das Buch dem Kind geben.
■ Der zweite heißt „Gemeinsam lesen", also einen Satz der Papa, einen Satz das Kind, einen Satz der Papa und so weiter und so fort.
■ Der dritte Trick ist eigentlich keiner. Er besagt: weiter vorlesen, und zwar solange Ihr Kind danach verlangt. So gibt es Achtjährige, die sagen: „Ich will jetzt selber lesen!", aber auch Zehnjährige, die weiterhin auf ihre abendlichen Vorleserunde bestehen. Der Grund für das weitere Vorlesen: Die schwierigeren Texte, die ein Grundschüler von seinem Verständnis her braucht, kann er von seinem Lesevermögen her oft erst

in der dritten oder vierten Klasse bewältigen. Dazu gehören die spannenden Klassiker und auch die neueren Kinderromane wie die von Cornelia Funke oder die vielen aufregenden Krimireihen. Lesen Eltern während der ersten Grundschuljahre nicht weiter vor, heißt das für ein Kind, dass viele Texte, die es liest, langweilig sind.

Uwe Timm: Lese-Lust

„Ein wohlwollender Lehrer hatte mir für einen Lesewettbewerb die Stelle aus ‚Kon-Tiki‘ ausgesucht, in der Heyerdahls Papagei über Bord gespült wird. Ich übte, las und – sonderbar – während ich laut lesen übte, bekamen die Wörter, die sonst nur widerspenstige Zeichen waren und abgetrennt von den Dingen mühsam ihre Bedeutung hinter sich herschleppten, ihren Klang, also ihren Körper."
(Naumann, Verführung zum Lesen, 2003, S. 224)

Ein ganzes Buch selber lesen
Nun sollen aber auch Erstklässler die Erfahrung machen, dass sie „ganze" Bücher lesen können. Da gibt es zwei Möglichkeiten. Die einfachere ist, die guten alten Bilderbücher wieder aus den Regalen zu holen. Es ist für einen Erstklässler eine großartige Sache, diese ihm ehemals vorgelesenen Bücher nun selber entziffern zu können. Das fällt auch leicht, weil sie manchen Wortlaut noch im Kopf haben und den Inhalt schon kennen.

Die zweite Möglichkeit ist, dass Eltern so genannte Erstlesebücher besorgen. Es gibt sie von mittlerweile sehr vielen Verlagen. Sie zeichnen sich durch einige wieder erkennbare Kriterien aus:

- Sprache: wenig Text, kurze Sätze, kleiner Wortschatz
- Schrift: große Buchstaben, viel Abstand zwischen den Zeilen
- Inhalt: lustige, spannende Geschichten oder interessante, verständliche Sachinhalte
- Illustration: nichts Langweiliges! Comics sind erwünscht.

Für die Erstklässler gibt es mehrere Stufen der Erstlesebücher. Bei den allereinfachsten ist die Schrift riesengroß und der Text ist mit vielen Bildern illustriert. Ein Beispiel ist „Wolf und Lamm. Das Geburtstagsgeschenk" (Ravensburger). Daneben gibt es Erstlesecomics. Auch diese arbeiten damit, dass das Buch im Wesentlichen aus Bildern besteht, darin aber nicht nur Worte, sondern auch Sätze zu lesen sind. „Hilfe für die Schulvampire" (ars edition) ist ein Beispiel dafür. Bei beiden Bücherarten ist die Textmenge insgesamt sehr gering, aber die Kinder haben dennoch im Anschluss an die Lektüre das Gefühl: „Ich habe ein ganzes Buch gelesen." Alle Erstleser sind ungeheuer stolz, wenn sie das geschafft haben.

Andere Erstlesebücher haben dann etwas mehr Texte wie beispielsweise „Metteborg in der ersten Klasse" (Oetinger).Und beim äußerst beliebten „Franz" (Oetinger) von Christine Nöstlinger entwickeln sich die Bilder allmählich immer mehr zum Randphänomen.

All diese Bücher laufen unter „Erstlesebücher", wobei die Verlage zwar eine exakte Altersangabe machen, aber Eltern aus Erfahrung wissen, wann ihre Kinder die Bücher beherrschen. Und das stimmt nicht immer mit den Angaben auf dem Buch überein. Manche lesen die Bücher bereits, kurz nachdem sie in die Schule gekommen sind – manche gar schon vorher –, andere erst im zweiten und einige gar erst im dritten Schuljahr.

Inbesondere Jungen fällt das Lesen-Lernen nicht immer leicht. Und das Lesen von ganzen Büchern dauert bei ihnen oft viel länger, als Eltern das glauben mögen. Eltern sollten geduldig sein mit ihren Erstlesern und ihnen immer wieder etwas anbieten.

Andere Medien

Ein Spiel, das man kennen sollte
Alle Schulanfänger lieben Beschäftigungen mit Buchstaben und Zahlen. Und zwar in allen Medien. Wir haben zwar in diesem Buch das Thema Spiele ausgeklammert, aber an dieser Stelle möchten wir eine Ausnahme machen. Spielen Sie mit Ihren Kindern „Scrabble". Es gibt kein Spiel, bei dem Schreibenlernen besser geübt wird als dabei. Sicher müssen Sie während des ersten Schuljahres noch auf die Junior-Variante zurückgreifen. Da gibt es vorgedruckte Wörter, und das Spiel dauert auch nicht so lange. Je nachdem, wie schnell ein Kind das Lesen lernt, lässt sich dann die klassische Variante benutzen. Spätestens im zweiten Schuljahr. Erinnern Sie sich? Es sieht aus wie ein großes leeres Kreuzworträtsel. Und wer geschickt legt, der darf Buchstaben und Wörter doppelt oder dreifach werten. Da kommt dann gleich noch das kleine Einmaleins mit zum Zug.

Hörbücher

Bei CDs gibt es jetzt kaum noch eine Beschränkung. Sehr viele der anspruchsvolleren Hörbücher sind ab 6 Jahren, vor allem diejenigen mit etwas komplizierterer Sprache. Für Erstklässler ist Hörbücher-Hören neben dem Vorlesen wichtig. Denn auch die auf den Hörbüchern vorgelesenen Titel könnten sie noch nicht selber lesen. Dafür müssten sie oft noch mindestens zwei Jahre warten. Und dann mag es passieren, dass sie inhaltlich kein Interesse mehr daran haben, vor allem die Jungen. Als Erstklässler hören sie Klassiker noch gern, als Drittklässler verlangen sie nicht selten nach mehr Action. Die gibt es natürlich, aber wir wünschen allen Grundschulkindern, viele Klassiker kennen zu lernen. Sie sind Bestandteil unserer Kultur! Und die CD ist nun mal neben dem Buch ein akzeptabler Weg dafür.

Computer

Der Computer gehört für viele Erstklässler zum Alltag. Viele Eltern meinen, nun müsste der PC zum Lernen genutzt werden, die erste Lern-Software wird gekauft. Aber: Viele Kinder mögen keine Lern-Software, sie wollen am Computer spielen und sonst nichts. Kluge Pädagogen wissen darum und setzen Lern-Software auch nur ganz gezielt ein: zur Festigung bestimmter Fertigkeiten, mit begrenzter Zeit. Nach einigen Jahren des Erprobens weiß man: Der PC ersetzt keinen menschlichen Lehrer.

   CD-ROMs zum Spielen und Lernen, so genannte Edutainment-Scheiben, mischen das Spielen und Lernen sozusagen stillschweigend –

oder besser laut tönend – auf. Zu einer der besten Scheiben der letzten Jahre gehört „Fritz & Fertig", die, eingebunden in eine überzeugende Rahmengeschichte um einen Prinzen, das Schachspielen lehrt. Spielspaß pur bietet „Autos bauen mit Willy Werkel" (Tivola), bei dem die

Kinder aus Schrottteilen Autos zusammensetzen und dann aufregende Fahrten machen müssen. Dieses Spiel lässt sogar Viertklässler noch knobeln – was passt und was nicht. Willy Werkel hat nicht im Geringsten etwas mit den „Racer-Spielen" zu tun. Letztere sind Simulationen von Auto- oder Motorradfahrten und in jeder Spielhölle zigfach vorhanden. Genauso wie viele andere Arten von PC-Spielen, die wir nicht empfehlen, die Kinder aber dennoch lieben. Und die sie, falls die Eltern sie ihnen nicht kaufen, eben bei Freunden spielen und ausleihen. Lassen Sie sich die Spiele vorführen! Damit wissen Sie, womit Ihr Kind sich beschäftigt. Verbieten Sie pure Action- und Gewaltspiele von Anfang an. Aber seien Sie auch bereit, Ihrem Kind dann andere Spiele zu besorgen als die, die angeblich jeder in der Klasse spielen darf – nur Ihr Sohn oder Ihre Tochter nicht. Informieren Sie sich deshalb über PC-Spiele (Tipps s. S. 51)

Bibliotheksausweis

Schulkinder fühlen sich groß. Endlich in die Schule gehen zu dürfen, lässt jedes Kind innerlich zehn Zentimeter wachsen. Dieses Gefühl können Eltern unterstützen oder nutzen, ganz wie man es verstehen mag. Und zwar, indem sie ihren Kindern einen eigenen Bibliotheksausweis ausstellen lassen. Die Kinder brauchen für den Ausweis nur die Zustimmung der Eltern zu den Nutzungsbedingungen. D. h. nach einer Begleitung in die Bibliothek können die Kleinen allein dorthin gehen, falls die Bibliothek nicht zu weit weg von zu Hause ist. Viele Familien nehmen sich den Bibliotheksbesuch auch gemeinsam vor, zum Beispiel am Samstagvormittag, vor oder nach dem Familieneinkauf oder während der Sommerferien. Bibliotheken sind für Bücher liebende Kinder magische Orte. Es macht ihnen großen Spaß, durch die Regale zu schauen und in der Bibliothek schon mal in manche Bücher hineinzuschmökern. Und es kommt fast nie vor, dass ein Kind mit einem ausgeliehenen Buch nicht vernünftig umgeht. Mit eigenen übrigens auch nicht.

Zweitklässler: 7 bis 8 Jahre

„Nicht stören" hängt an der Zimmertür der siebenjährigen Nina. Mit hochrotem Kopf sitzt sie auf ihrem Bett und liest „Das Sams in Gefahr" (Oetinger) von Paul Maar. Das erste richtige Buch, nicht so eines für Erstleser, nein, ein richtiger dicker Roman für Kinder. „Kommst du bitte zum Abendessen, Nina", ruft die Mutter durch die leicht geöffnete Tür. „Komme schon."

„Wisst ihr noch, wer das Sams ist? Ihr habt mir schon mehrere Bücher von ihm vorgelesen, als ich noch kleiner war."

„Na klar, das Vorlesen hat viel Spaß gemacht", erinnert sich Ninas Papa.,

„Stellt euch vor, jetzt wird es von einem bösen Lehrer gefangen gehalten, der alle Wunschpunkte für fiese Dinge verwendet."

„Erzähl mal."

Aufgeregt berichtet Nina, was im neuesten Band vom Sams bisher passiert ist. Den Schluss kennt sie noch nicht. Dabei vergisst sie fast zu essen. Als sie schlafen geht, braucht sie fast, ja fast, die berühmt berüchtigte Taschenlampe zum Lesen unter der Bettdecke. Aber sie schafft es gerade noch bis zur letzten Seite, bevor ihr die Augen zufallen.

Kinder zwischen sieben und acht Jahren beherrschen das Lesen. Das bedeutet, das sie letztlich jedes Wort und jeden Text entziffern können. Das gilt für die Tageszeitung genauso wie für ein Chemie-Lehrbuch des letzten Studienjahres. Ob sie den Text allerdings verstehen, hängt vom Inhalt ab. Das Chemie-Werk gehört sicher eher zu den Büchern, die sie ausschließlich Buchstabe für Buchstabe und Wortkombination für Wortkombination buchstabieren, aber keineswegs auch nur in Ansätzen begreifen können.

Bücher, die sie verstehen, kreisen vor allem um zwei Themen: die Schule und Freunde. Darüber hinaus haben einige Zweitklässler bereits sehr ausgeprägte Interessen: seien es Tiere, Pflanzen, Weltraum oder in letzter Zeit zunehmend Computer. Solche Sachthemen stehen vor allem bei Jungen auf der Hitliste, während die Mädchen Zwischenmenschliches bevorzugen.

Die große Chance für Zweitklässler: Aufgrund ihrer Lesefähigkeit sind sie in der Lage, alle Medien selbstständiger zu nutzen. Sie können u. a. die Klappentexte auf Büchern und CDs, die Fernsehzeitung, das Veranstaltungsprogramm des Heimatortes und auch Texte im Internet lesen. Eltern müssen jetzt nicht mehr alleine auswählen, sondern die Kinder können sich gleichberechtigt bei der Auswahl von Medien beteiligen bzw. sie allein nutzen.

Leseförderung bei Sieben- bis Achtjährigen

Immer noch gilt: Weiter vorlesen! Die meisten Zweitklässler genießen die abendliche Vorlesestunde noch sehr. Nur tagsüber, da gelingen die Mußestunden mit Büchern in den meisten Familien nicht mehr. Sehr zum Leidwesen der Haupterziehenden übrigens, denn diese wissen um die beruhigende Wirkung von Pausen mit Büchern.

Noch immer Klassiker

Allerspätestens jetzt sind die Klassiker dran – diese müssen allerdings meist immer noch vorgelesen werden, denn sie sind sehr lang und auch von Zweitklässlern oft noch nicht in „Eigenlektüre" zu bewältigen. Hierbei haben Eltern einen großen Pluspunkt. Die meisten kennen diese Bücher aus ihrer eigenen Kindheit. Sie können somit ihren Kindern von ihren eigenen Leseeindrücken erzählen. Cornelia Franz zum Beispiel hat „Die Abenteuer des starken Wanja" (Thienemann) in ihrer Kindheit gleich dreimal gelesen. Nun liest sie es ihrem achtjährigen Sohn vor. Und wie früher als Kind, spürt sie die Faszination des Textes. Dies wiederum merkt ihr Sohn. Auch wenn die Handlung gar nichts mit seinem Alltag zu tun hat, sondern eher ein modernes Märchen genannt werden kann, überträgt sich Mamas Ergriffenheit auf ihn und er lauscht mit Spannung.

Ähnlich wirken Titel wie „Kai aus der Kiste" (Erika Klopp), „Die rote Zora" (Sauerländer), „Timm Thaler oder das verkaufte Lachen" (Oetinger), „Kalle Blomquist" (Oetinger) oder „Emil und die Detektive" (Dressler).

Erstlesereihen für Zweitklässler

Daneben gibt es „Erstlesereihen" für fortgeschrittene Leseanfänger. Man erhält sie in jeder Buchhandlung. Eltern sollten den Rückentext genau lesen. Manchmal ist der Erfahrungsspielraum der Kinder schon weitaus größer, als die Kinderbuchmacher es annehmen. D. h. die Bücherinhalte sind sehr kindlich und nicht ganz dem Alter der Kinder angemessen. Dann können die Kinder das Buch zwar sprachlich und drucktechnisch verstehen, aber es langweilt sie inhaltlich.

Krimis – vor allem für Jungs

Inbesondere Jungen sind in diesem Alter häufig nur mit einem einzigen Genre aus ihrer Lesereserve zu locken: mit Krimis. Die Büchermacher wissen das schon lange, und deshalb hat fast jeder Verlag eine solche Krimireihe. Eine Reihe ist dabei geeignet, auch die hartnäckigsten Leseverweigerer zu bekehren: „Kommissar Kugelblitz" (Schneider) von Ursel Scheffler. Das sind sehr, sehr groß gedruckte Mitratekrimis. Laut Verlag sind sie für Kinder ab sechs Jahren geeignet, aber viele Jungen verweigern das komplette erste Schuljahr hindurch, zu einem Buch zu greifen. Im zweiten Schuljahr haben sie dann keine Schwierigkeiten mehr, sich in diese Bände zu vertiefen. Einen Hauch schwieriger zu lesen und deshalb als Anschlussreihen zu empfehlen sind: „Nick Nase" (Ravensburger) und „Kommissar Kniepel" (ars edition). Auch „Die Tigerbande Junior" (Schneider) eignet sich als „2.-Leseschritt-Krimi", allerdings ausschließlich die Junior-Variante, die „Tigerbande" für ältere Kinder wimmelt von Gewaltszenen und Vorurteilen.

Das alles gilt übrigens auch für einige Mädchen. Sie sind zwar den Jungen in ihrer sprachlichen Entwicklung und damit auch in ihrer Lesefähigkeit voraus, aber auch sie entwickeln sich nicht alle gleich schnell. Auch bei ihnen gibt es Nachzügler, was das selbstständige Lesen anbetrifft.

Andere Medien

Das Internet
Sieben bis acht Jahre ist das richtige Alter für den Einstieg in die Internet-Nutzung. Denn dafür muss man souverän lesen können, sonst macht es

keinen Spaß. Es gibt mittlerweile von jedem Sender, von jeder Firma, von jeder Zeitschrift, von jedem Buchverlag eine Website. Ob sie mehr bieten als eine vernünftige CD-ROM, darüber lässt sich streiten. Drei Adressen scheinen uns empfehlenswert. Sie zeigen, welchen Nutzen man von dieser weltweiten virtuellen Bibliothek haben kann. Alle sind gewalt- und werbefrei. Die Macher haben sie sehr übersichtlich und ansprechend gestaltet. Sinn und Zweck ist, dass sie von den Kindern selbstständig genutzt werden können. Es sind:

■ www.blindekuh.de: die Such-maschine, die viele Infos, Spiele und Links zu weiteren interessanten Seiten enthält. Sie ist, wie für die Erwachse-nen www.google.de oder www.metager.de, bislang unübertroffen gut.

■ www.kindercampus.de: das Internetportal. Es bietet eine Webschool, eine eigene Such-maschine, einen Hausauf-gabenchat, 100 Onlinespiele und ein Onlinemagazin. Leider ist das Portal im Gegensatz zur Blinden Kuh nicht kostenlos.

■ www.internet-abc.de: ein wei-teres Internetportal. Es ist für Eltern und Kinder und hilft beiden, „sicher und kre-ativ" mit dem Internet um-zugehen. Groß und Klein werden wohl nirgendwo anders im Netz so gut über das „Handwerkszeug Inter-net" informiert.

Hörbücher

Noch haben Hörbücher bei den Kindern eine Chance. Jetzt sind die ganz langen Lesungen dran, bei denen die Kinder selber bestimmen können, ob sie eine Stunde oder zwei zuhören. Viele moderne Kinderbücher erschei-nen parallel zu den Hörbüchern, so zum Beispiel die Bücher von Cornelia Funke „Die wilden Hühner" (Jumbo) oder „Der Drachenreiter" (Jumbo). Für Fußballfans angesagt sind „Die wilden Fußballkerle" (Baumhaus). Und natürlich „Harry Potter" (Hörverlag), legendär gelesen von Rufus

Beck. Selbst die ärgsten erwachsenen Kritiker der Zauberergeschichte haben sich inzwischen belehren lassen: Harry Potter war und ist ein Glücksfall für die Literatur, das Hörbuch und den Film

Computer

Bei den Computerspielen kommen die meisten Kinder in diesem Alter besser zurecht als die Erwachsenen. Allerdings stimmen die Altersangaben auf den CD-ROMs nicht immer mit dem überein, was Kinder bereits alleine beherrschen. Eine CD-ROM für Sechsjährige zum Beispiel führt bei einem Kind mit sechs Jahren häufig noch zu Irritationen und Ärger, weil es den Spielverlauf nicht selbstständig bestimmen kann. Ein oder zwei Jahre später schafft es die Aufgaben der CD-ROM dann endlich. Eltern können somit für Sieben-bis Achtjährige bedenkenlos auf Scheiben für etwas Jüngere zurückgreifen. Auf den Buch-Star „Kommissar Kugelblitz" zum Beispiel oder auf „Petterson und Findus" (Oetinger). „Fünf Freunde" (Ravensburger) ist dann tatsächlich für Kinder ab sieben Jahren ausgepreist und auch von diesen handhabbar. Bei CD-ROMs gilt für alle Altersgruppen: sich in Rezensionen informieren, Spiele, wenn möglich, zunächst ausleihen – von Freunden oder in der Bibliothek. Denn die Scheiben sind noch immer recht teuer, und ein Fehlkauf ärgert alle, Kinder und Erwachsene.

Büchergutschein

Fast jedes Geschäft stellt sie mittlerweile aus: Geschenkgutscheine. Buchhandlungen machen das schon sehr lange. Und so altmodisch dieser wertvolle Brief anmuten mag: Kinder lieben sie. Sie finden es großartig, mit einem solchen Gutschein selber ein Buch kaufen zu können. Hätte man ihnen Geld geschenkt, ist anzunehmen, dass sie dafür Spielzeug kaufen würden, wovon Kinder hierzulande meist genug haben, wie wir wissen. Während man von Büchern nie genug haben kann – außer die Regale reichen wieder mal nicht mehr aus. Aber das hat weniger damit zu tun, dass jedes neue Buch für ein Kind ein viel versprechender Schatz ist, der nicht so schnell langweilig wird wie ein neues Spielzeug.

Drittklässler: 8 bis 9 Jahre

„Kennt ihr Kinderbuchfiguren?", fragt Trauti Mann, Leiterin einer Gelnhäuser Literaturwerkstatt für Kinder. „Ja, die Pippi zum Beispiel." „Und den Michel." „Kalle Blomquist." „Kommissar Kugelblitz." „Das Sams." „Der kleine Muck." „Der kleine Prinz." „Ronja Räubertochter." Den zehn Kindern, die im Kreis sitzen, fallen viele Buchhelden ein. „Das ist ja toll", meint die Lehrerin bewundernd. „Jetzt passt auf: Ich schreibe die Namen auf Klebezettel, und jeder bekommt einen auf die Stirn geklebt. Dann muss jeder versuchen, durch Fragen herauszufinden, wer er selbst ist." Lucia mit der „Pippi" auf der Stirn fragt: „Ist es ein Mädchen? – Wo wohnt sie? – Hat sie Freunde? – Wie heißen die? – Ist es die Pippi?" Ein Strahlen geht über ihr Gesicht. Nun machen die anderen Kinder weiter. Sie alle kennen sich gut aus in den Büchern, sind kleine Leseratten. Ihre Freunde in der realen Welt teilen dieses Interesse nicht unbedingt. Hier jedoch sind sie umgeben von Kindern, für die die Kinderbuchfiguren genauso wichtig sind wie für sie selber.

Kinder im Alter von acht bis neun Jahren zeichnet vor allem eines aus: ihre langsame, aber immer deutlichere Abgrenzung von den Eltern. Man nennt diese Zeit auch „die kleine Pubertät". Das Wort deutet es an: Die Kinder suchen sich selber, übertreten Grenzen, reiben sich an ihren Eltern. Die Acht- bis Neunjährigen orientieren sich zunehmend an anderen. Der amerikanische Kinderpsychologe Terry Brazelton hält ein neunjähriges

Kind dann für seelisch gesund, wenn es „in seinen Freundschaften aufgeht". Sie suchen ihren Platz in der Gruppe, wobei nicht der Stärkste der Beliebteste, sondern allenfalls der Gefürchtetste ist. Die höchste Sympathiequote erreichen sensible Kinder. Denn in diesen späteren Grundschuljahren entwickeln die Kinder ein großes Wissen über die Emotionen bei anderen.

Sie werden zunehmend selbstständiger, das betrifft sowohl ihr schulisches Lernen als auch ihr Alltagshandeln. Wochenpläne im Schulunterricht sind genauso selbstverständlich wie die Verabredung mit dem Freund, für die das Kind dort selber anruft und auch mit dem Fahrrad hinfährt.

Obwohl die Acht- bis Neunjährigen sich so stark von den Erwachsenen abgrenzen, brauchen sie nicht nur Grenzen, sondern auch abendliche Kuscheleinheiten und viele Gespräche. Außerdem liefern die Erwachsenen in dieser Zeit durch ihr Beispiel und durch ihre Reaktionen auf das Verhalten des Kindes ein Grundgerüst für die Moral. Das, was die Kinder jetzt erfahren, tragen sie später in die so genannten Peergroups.

Leseförderung bei Acht- bis Neunjährigen

Während der späteren Grundschuljahre werden die Weichen dafür gestellt, ob ein Kind zum lesenden Erwachsenen wird. Untersuchungen haben gezeigt, dass diese Erwachsenen sowohl während der Jahre unmittelbar nach dem Lesenlernen als auch in den Jahren zwischen der Pubertät und der Adoleszenz (ab ca. 15 Jahre) extrem viel gelesen haben.

Wenn Eltern merken, dass ihre Kinder in diesem Alter gern lesen, sollten sie dieses Interesse massiv unterstützen, und zwar auch dann, wenn die Freunde des Kindes nicht gern lesen – oder vielleicht gerade dann. Denn das Lesen gehört zu den Tätigkeiten, mit denen sich Kinder in diesem Alter untereinander nicht schmücken können, sie werden dafür nicht selten ausgelacht. Dieses Phänomen wird sich in der richtigen Pubertät verstärken.

Das Lesen begleiten
Unterstützung heißt aber nicht nur, das Lesen nach außen zu verteidigen, sondern es heißt immer mehr Begleiten des Lesens. Das bedeutet:

- über Lektürewünsche des Kindes reden und versuchen, sie zu erfüllen,
- über gelesene Bücher reden, auch wenn die Eltern sie nicht kennen oder sie ihnen nicht gefallen,
- über das Lesen an sich reden, auch über eigene Erfahrungen.

Trotz allem – immer noch vorlesen

Das Vorlesen ist immer noch kein überflüssiger „Kinderkram", sondern bei vielen Acht- bis Neunjährigen Bestandteil des Abendrituals – wenn es in der Familie eines gibt. Sogar Kinder, die selber viel lesen, genießen die abendliche Lesestunde noch sehr. So unruhig der Tag und vielleicht der Abend war, selbst wenn Eltern und Kind sich gerade in einem „Kleine-Pubertäts-Streit" befinden: spätestens in dem Moment, in dem Mama oder Papa anfangen vorzulesen, wird das Kind ruhig.

„Ansprechende" Bücher

Wollen Eltern ihre lesenden Kinder in dieser Zeit „bei der Stange halten", müssen sie Bücher leihen oder kaufen, die die nicht mehr so Kleinen inhaltlich ansprechen. Kinderbanden sind jetzt angesagt und freche Kids. Und obwohl Jungen und Mädchen sich in diesen Jahren sehr voneinander distanzieren – „Mädchen sind blöd – Jungen sind doof" – , lesen beide gerne von mutigen, wortgewandten Kindern beiderlei Geschlechts.

Seit Jahren äußerst beliebt, ist KNISTERS „Hexe Lilli" (Arena). Sie hat einen kleinen nervigen Bruder und ein Zauberbuch, das ihr ermöglicht, sich in andere Zeiten und Länder zu versetzen. Jedes Mal hilft sie dort jemandem aus einer unverschuldeten Patsche. Die Hexe-Lilli-Bücher sind schon recht umfangreich, aber in einer großen Schrift gedruckt – und deshalb als Einstieg in lange, dicke Bücher geeignet.

Ganz neu ist die als neue Pippi Langstrumpf gefeierte „Molly Moon" (Hanser). Sie ist eine richtige Waise, im Gegensatz zu ihrer berühmten Vorfahrin, die ja noch einen Papa hat. Molly findet – ganz modern – ein Hypnose-Lehrbuch. Und damit nicht alles zu einfach geht, gibt es einen unheimlichen Fremden, der ihre Fähigkeiten für sich nutzen möchte.

Äußerst komisch ist und viel Spaß an Sprache vermittelt „Ätze" (Ravensburger), ein Tinte fressendes kleines Monster, das jedes Wort verdreht, Beschimpfungen aller Art liebt und seine Umwelt durcheinander bringt. Allerdings brauchen die Erwachsenen ein bisschen Toleranz – falls sie es vorlesen.

Nicht mehr ganz zeitgemäß, was die Geschlechterrollenverteilung anbetrifft, ist Erich Kästner. Und doch lieben Kinder ihn auch heute noch. In allen seinen Romanen geht es um Moral, um Freundschaft, um Hilfsbereitschaft, um das Sich-Einfügen in eine Gruppe, um Stärke und Intelligenz der Kinder. Er thematisiert das, was Kinder untereinander, am Vormittag in der Schule und am Nachmittag mit Freunden, erleben. Was die dabei angesprochenen Gefühle anbetrifft, hat sich seit dem Erscheinen der Kästnerschen Werke vor vielen Jahrzehnten nichts geändert.

Andere Medien

Wenn die Kinder zwischen acht und neun Jahre alt sind, haben es die pädagogisch wertvollen Medien zunehmend schwerer, von ihnen geschätzt zu werden.

Hörbücher

Das gilt inbesondere für Hörbücher. Eben wechselten noch Kinderlieder und klassische Lesungen sich ab, und auf einmal tönt aus der Stereoanlage nur noch Popmusik. Eltern sollten darauf gefasst sein und es als normal betrachten. Bieten Sie dennoch weiter Hörbücher an – selbst der neueste Hit ist irgendwann langweilig und ein gelesener Text spannender.

Computer

Bei den PC-Spielen bestimmen zunehmend mehr die Freunde, was „in" ist. Viele Kinder haben in diesem Alter schon Spiele mit viel Gewalt kennen gelernt. Diese Kinder können mit den ruhigeren Edutainment-Spielen nichts mehr anfangen, sie finden sie „öde". Sind diese Kinder dann Meinungsführer in der Schule, werden es vor allem die Jungs schwer haben, über ihre normalen Spiele zu sprechen. Das ist schwierig, denn

Aktionen rund um Bücher und Schreiben

Es gibt viele Orte, an denen Kinder sich außerhalb der Familie mit Büchern und Schreiben beschäftigen können. Das sind zum einen die engagierten Kinder- und Jugendbuchbibliotheken, die selbst in den kleinsten Orten Aktionen rund um Bücher anbieten: von der Vorlesestunde, der Lesenacht und der Lesung bis hin zu Theaterspielen, Bücher herstellen oder Literaturrallyes durch ganze Städte. Und das sind zum anderen die Kinder- und Jugendakademien sowie die Kindermuseen. Ihr Programm umfasst die Bereiche, die die Schulen und Volkshochschulen nicht anbieten: Schach, Naturwissenschaftliches, Künstlerisches, Schreib- und Literaturwerkstätten. Für Kinder, die heute im Freundeskreis nicht unbedingt jemanden haben, der ihre manchmal ausgefallenen Interessen teilt, sind solche Erfahrungen wichtig und prägend.

Gespräche über PC-Spiele nehmen inbesondere bei Jungen viel Raum in der Kommunikation ein. Mädchen haben es da etwas leichter, sie interessieren sich allerdings auch weniger für den PC als Jungen.

Sinnvoll ist es, sich gemeinsam mit dem Kind über neue Spiele zu informieren und diese zu passenden Gelegenheiten wie Geburtstag und Weihnachten zu besorgen. Außerdem haben Acht- bis Neunjährige oft schon recht viel Geld zur Verfügung und können sich die Spiele auch selber kaufen.

Gesellschaftsspiele
Wünschen würden wir uns, dass Eltern mit ihren Kindern in diesem Alter viele Gesellschaftsspiele spielen, damit sie erfahren, dass es diese Spiele nicht nur auf dem PC gibt. Außerdem macht es mehr Spaß als mit dem Computer, und zwar zunehmend beiden Seiten. D. h. die Kids beherrschen jetzt schon recht schwierige Spiele, die eher den Interessen der Eltern entgegenkommen. Das Spielen wird immer mehr zu einem gleichberechtigen Spaß für beide Seiten.

Viertklässler: 9 bis 10 Jahre

„Kennst du Smilies?", fragt der zehnjährige Justin seine Mutter. „Diese lustigen Gesichter?", fragt sie zurück. „Nein, die Zeichen, die man in E-Mails und beim Chatten verwendet." „Ach so, die heißen Smilies. Woher weißt du das?", fragt sie erneut. „Aus dem Computerkurs", antwortet Justin. „Und aus dem Buch von Andreas Schlüter, das Papa mir vorgelesen hat. Das ist superspannend. Ich hab auch viel davon selber gelesen. Aber den Schluss, den habe ich mit Papa gemeinsam gelesen. Weil er auch wissen wollte, wie es ausgeht." „Zeig mir mal das Buch", meint die Mutter. „Und die Smilies, ich wollte immer schon mal wissen, wie man die schreibt. Und dann erzähl mir, was in dem Buch passiert. Vielleicht lese ich es ja auch einmal." „Aber sag ja niemandem aus meiner Klasse, dass Papa mir noch vorliest", meint Justin am Ende, nachdem er der Mutter den Inhalt von „Jagd im Internet" berichtet hat. „Warum denn nicht?" – „Das ist oberpeinlich."

Der Psychologe Arnold Gesell meint, im Zehnjährigen sähe man so etwas wie ein „vorweggenommenes Bild des Erwachsenen". Das wird deutlicher, wenn man sich vor Augen hält, dass die Persönlichkeit eines zehnjährigen Kindes zu 90 Prozent ausgebildet ist. Dabei geht es nicht um Wissenserwerb, sondern um das, wie ein Kind die Welt erlebt und auf sie reagiert.

Die Zeit zwischen neun und zehn Jahren ist auch so etwas wie eine Art „Ruhe vor dem Sturm", vor der Vorpubertät (ab ca. 11 Jahren) und der eigentlichen Pubertät (ab ca. 13

Jahren). Die Kinder reiben sich nicht mehr ständig an den Erwachsenen, sie haben ihren Platz in ihrer Kindergruppe gefunden.

Es ist die Zeit, in der die Kinder anfangen, so etwas wie ein Nationalgefühl und eine „kulturelle Identität" zu entwickeln. Dies wird mit etwa 12 Jahren abgeschlossen sein.

Es gibt eine ganze Reihe Kinder, die bereits mit zehn Jahren sehr ausgeprägte Interessen haben. Untersuchungen haben ergeben, dass diese später häufig einen Beruf ergreifen, der mit diesen Hobbies in Verbindung steht.

Und in unserem Zusammenhang wichtig: Lesende Zehnjährige lesen fast alle als Erwachsene noch und nutzen das Lesen in ihrem Beruf, auch wenn sie nicht Schriftsteller werden.

Leseförderung bei Neun- bis Zehnjährigen

Im günstigsten Fall haben Eltern ihren Kindern bis zu diesem Alter vermittelt, wie Bücher ihnen bei ihrer Art und Weise, die Welt zu erleben und zu verarbeiten, helfen können. Denn Bücher unterstützen Kinder dabei,

■ Empathie zu entwickeln, auch Nuancen des Gefühlslebens bei anderen und bei sich zu spüren,
■ Erfahrungen und Zusammenhänge zu verstehen, indem sie Erlebtes in der Literatur wieder finden oder darin gezielt suchen,
■ ihre Interessen zu verfolgen, indem sie ihr Wissen durch Bücher, Zeitschriften und Zeitungen vertiefen,
■ ihr Nationalgefühl und ihre kulturelle Identität zu entwickeln. Bücher sollten dazugehören, sie sind erhaltenswerte Kulturgüter, die von Generation zu Generation weitergegeben werden,
■ Spaß am Lesen von Büchern zu haben!

Vom Vorlesen abnabeln
Die Bedeutung der Eltern bei der Leseförderung bleibt durchgehend wichtig, bis ihr Kind erwachsen ist. Nur wandelt sie sich. Allerdings nicht so schnell wie Eltern meinen. Neun- bis Zehnjährige lassen sich immer noch gerne vorlesen – falls die Eltern noch bereit dazu sind. Einen großen Vorteil hat das lange Vorlesen. Neun- bis Zehnjährige werden dadurch mit Literatur vertraut, die sie selber erst zwei oder drei Jahre später lesen kön-

nen, die sie inhaltlich aber durchaus verstehen, so wie es Justin im obigen Beispiel mit „Jagd im Internet" (Altberliner) von Andreas Schlüter ergangen ist. Ein Problem ist, dass es den Neun- bis Zehnjährigen, die doch so von der Meinung ihrer Altersgenossen abhängig sind, zunehmend unangenehmer wird, zu erzählen, dass ihnen die Eltern noch vorlesen. Denn Vorlesen wird in unserer Gesellschaft fälschlicherweise assoziiert mit „Klein-Sein". Schade, denn nicht nur den Kindern, auch den Erwachsenen macht das Vorlesen Spaß. Wenn Kinder sich vom Vorlesen „abnabeln", ist das für Eltern manchmal recht schwierig. Daniels Mutter erinnert sich noch: „Es tat richtig weh, als er sich nicht mehr vorlesen lassen wollte. Das war ein kleiner Abschied, wie als er in den Kindergarten kam und ich am Zaun stand, er in die Schule ging und ich mich allein fühlte, oder als er die erste große Reise ohne mich machte."

Gespräche über Bücher

Was in den Jahren ab neun bis zehn bis zum Erwachsensein des Kindes zunimmt, ist die Bedeutung des Gesprächs über Bücher – so wie Justins Mutter in obigem Beispiel zeigt. Sie vermittelt ihrem Sohn: „Ich habe Interesse an deiner Lektüre. Ich nehme dich ernst." Dazu kommt, dass nicht wenige Kinder- und Jugendbücher für Eltern heute oft genauso spannend sind wie für die eigentliche Zielgruppe. Ja, es gibt sogar Autoren, die bewusst für beide Gruppen schreiben. Man denke nur an „Sophies Welt" (Hanser) von Jostein Gaarder oder an „Die Stadt der wilden Götter" (Suhrkamp) von Isabel Allende.

Hilfe bei der Auswahl

Neun- bis Zehnjährige brauchen ihre Eltern aber spätestens bis zur Pubertät für das Bücher-Aussuchen. Zwar tauschen auch schon Grundschüler Bücherhinweise untereinander aus, aber die Eltern bleiben noch viele Jahre diejenigen, die die Bücher für ihr Kind auswählen. Sie kennen ihr Kind am besten, sie wissen genau, was ihr Kinder interessiert, womit es sich gerade beschäftigt. Ganz abgesehen davon können Bücher ins aktive Familienleben mit eingebunden sein. Ein Beispiel: Neun- bis Zehnjährige sind in dem Alter, in dem Städtereisen allen Beteiligten viel Spaß machen. Für die meisten Familien stehen dann Museumsbesuche an, nicht in staubtrockene Gemäldegalerien, die die Kinder langweilen, sondern in Museen, die Kinder interessieren, so wie das Deutsche Museum in München. Kinder finden es faszinierend, die alten Automobile anzuschauen und sich vorzustellen, dass die wirklich einmal gefahren sind. Anschließend bietet es sich an, in die angeschlossene, ausgesprochen gut sortierte Buchhandlung zu gehen und ein Buch über Autos zu kaufen oder es in der heimischen Bibliothek auszuleihen. Ab diesem Alter sind die Kinder in der Lage, solche Bücher selbstständig zu lesen – und sie vielleicht auch als Nachbereitung gemeinsam mit den Eltern anzuschauen.

Bücher für große Kinder
Eigentlich bietet der Buchmarkt mehr als genug Auswahl für Kinder von neun bis zehn Jahren. Allerdings: Da nicht wenige Kinder schon recht ausgeprägte Interessen haben, reduziert sich das Angebot. Denn Bücher, die sie inhaltlich nicht ansprechen, lesen sie nicht gern. Wie die Erwachsenen, denen ergeht es in diesem Punkt genauso.

Dazu kommt, dass Jungen und Mädchen in diesem Alter ein deutlich unterschiedliches Leseinteresse haben. Mädchen lesen – wie Frauen – primär Bücher, in denen es um Zwischenmenschliches geht. Jungen studieren – wie Männer – vor allem Sachbücher, in denen sie ihre Interessen wieder finden. Diese Teilung wird sich erhalten bis ins Erwachsenenalter.

Bücher für Mädchen
Für Mädchen ist der Buchmarkt somit größer als für Jungen. Denn Geschichten über Freundschaften, erste Liebe und die Klassiker, davon gibt es mehr als Bücher für Jungen. Außerdem greifen sie zunehmend auch zu Büchern, die eher für Jungen gedacht sind. Hier spiegelt sich das Geschlechterrollenverständnis schon sehr deutlich wider. Während Frauen zunehmend in allen Berufen und Bereichen zu finden sind, tun Männer sich nach wie vor schwer, sich für „typisch Weibliches" zu interessieren.

Bücher für Jungen
Für Jungen gibt es vor allem die Krimireihen, die Sachbücher zu Themen aller Art, und ab dem Jugendlichen-Alter dann die „Grusel-Reihen". Bei Kinderromanen müssen sich die Autoren sehr genau in die Jungen-Psyche einfühlen. Und manche können das auch, so wie Andreas Schlüter.

Erzählende Literatur für beide
Selbstverständlich gibt es auch die Titel, die beide Geschlechter ansprechen. Ein aktuelles Beispiel ist „Nie wieder fies" (Freies Geistesleben), eine Geschichte über einen Jungen, dessen Tante den Schulunterricht in seiner

Klasse übernimmt. Und die erzieht die Kinder zum Zu-spät-Kommen oder zum Respektlos-Fragen. Durch ihre ungewöhnliche Lehrmethoden begeistert sie selbst die hartnäckigsten Lernverweigerer für Mathematik und die Naturwissenschaften. Genauso frech und witzig ist „Schlimmes Ende" (Chronik). Eddies Eltern bekommen eine seltsame Krankheit, die sie alten Wärmflaschen immer ähnlicher macht. Damit er sich nicht ansteckt, schicken sie ihn zu verrückten Verwandten.

Sachbücher
Zu den heutigen Sachbüchern, die von Mädchen und Jungen gleicherma-ßen genutzt werden, muss etwas angemerkt werden: Was die Bücher-macher hier leisten, ist großartig. Viele dieser Bücher sind reine Augen-weiden und laden zum stundenlangen Schmökern ein.

Neun bis zehn Jahre ist das Alter, da in einer Familie allerspätestens ein Kinderlexikon angeschafft werden sollte. Zum einen beherrschen die Kinder den Umgang damit sehr bald sehr souverän, zum anderen verlangt der Schulunterricht zunehmend danach, dass die Kinder zu Hause für die Hausaufgaben in einem Lexikon nachsehen. Unübertroffen gut ist in die-sem Zusammenhang der „Kinderbrockhaus" (Bibliographisches Institut) und für Naturfans „Das visuelle Lexikon der Umwelt" (Gerstenberg). Aber auch die meisten anderen der angebotenen Kinderlexika vermitteln Wissen auf sehr ansprechende Weise.

Jan Philipp Reemtsma: Der Große Brockhaus

„Wenn ich zurückdenke, sehe ich den Jungen mit einem der schweren, ledernen, schwarz und rot und goldnen Bände in der elterlichen Bibliothek auf dem blauen Teppich sitzen – ist ein sonnendurchflute-ter Sonntagmittag, die Bibliothek ist hell und warm.

In Hamburg sind die sonnendurchfluteten Nachmittag so häufig nicht, also muss hier die Projektion eines Gemütszustandes nach außen vorliegen: Es wurde hell und warm um mich her, und jeder Eintrag bedeutete eine offene Tür in ein Universum, das dem Wissen zugänglich war."
(Naumann, Verführung zum Lesen, 2003, S. 160)

Wer bei seinem Nachwuchs absolut keine Chance hat, für Bücher zu werben, der sollte es einmal mit einem Geheimtipp unter Eltern probieren: „Guinness World Records. Das Original Buch der Rekorde" (Guiness Verlag, jährlich neu). Darin ist alles Schräge, Komische, Unglaubliche dieser Welt versammelt. Dem hat bislang noch kein Kind widerstehen können.

Kinder- und Jugendzeitschriften

Was für Sachbücher gilt, zählt auch bei den Zeitschriften. In „Geolino" zum Beispiel ist alles Know-how der Zeitschriftenhersteller für Erwachsene eingeflossen: Flotte Berichte sind gewürzt mit hervorragenden Fotos über naturwissenschaftliche Themen. (Wir kennen übrigens nicht wenige Erwachsene, die genauso gern Geolino lesen wie ihre Kinder.) Auch „mach mit" und „Treff" (Velber im OZ Verlag, nur im Abonnement) sowie „Bimbo" und „Tierfreund" (Sailer Verlag, nur im Abonnement) thematisieren genau das, was Grundschulkinder bewegt – in ansprechendem Layout. Schon legendär ist die Kinderliteraturzeitschrift „Der Bunte Hund" (Beltz & Gelberg, nur über den Buchhandel), in der Geschichten und Bilder bekannter und auch unbekannter deutschsprachiger Autoren und Illustratoren versammelt sind.

Comics

Woran Eltern von Neun- bis Zehnjährigen manchmal verzweifeln, ist der Comic-Konsum. Alles Taschengeld wird für „diese Heftchen" ausgegeben. Dabei haben die Leseforscher schon lange Entwarnung gemeldet: Comics sind oft Einstiegslektüre. Den Kindern, die viele Comics lesen, sind die „Bleiwüsten" der Bücher für Kinder in ihrem Alter zu mühsam, zu trocken, zu unstrukturiert. Sie verlangen nach einem „einfacheren" Lesen, nach Bildern, nach Unterhaltung. Problematisch wird die Situation nur, falls ein Kind vor der Comic-Phase nie etwas anderes gelesen hat und auch keine Phase danach mit anderer Lektüre folgt. Dann sollten Eltern massiv intervenieren und versuchen, ihrem Kind auch Bücher nahe zu bringen. Denn in Comics wird zumeist mit Schlagwörtern und nicht in ganzen Sätzen geredet. Das ist für die Sprachentwicklung eines Kindes rund um den zehnten Geburtstag eine schlechte Voraussetzung. Es gibt übrigens Comics, bei denen die Macher darauf geachtet haben, dass die Sprachkritiker keine Chance haben: „Tim und Struppi" (Carlsen). Hier redet man in ganzen Sätzen. „Asterix und Obelix" ist in dieser Beziehung eingeschränkt empfehlenswert, aber es gehört zur kulturellen Bildung, zu wissen, wer diese beiden Figuren sind. Comicelemente gibt es übrigens mittlerweile überall: in Erstlesebüchern, in Schulbüchern, in Zeitschriften und so weiter.

Andere Medien

Handy

Ein anderes Medium betritt die Bühne der Neun- bis Zehnjährigen: das Handy. Unglaublich, aber wahr. Insbesondere in den weiterführenden Schulen gilt es als cool, ein Handy zu haben. Dieses Medium liefert auch viel Gesprächsstoff, über die Marken zunächst, dann über Funktionen und Klingeltöne. Und je älter die Kinder werden, desto selbstverständlicher senden sie sich SMS-Botschaften.

Hörbücher

Im Bereich Hörbuch für diese Altersgruppe Empfehlungen zu geben, ist nicht einfach. Denn es kommt gegen die Popmusik nur noch an, wenn es den Interessen und Hörgewohnheiten der Kinder entgegenkommt. Eltern müssen ihre Kinder gut kennen, um sie noch vor den CD-Player und das Hörbuch zu locken. Gut funktionieren kann es mit aktuellen Kinderromanen, die häufig gleich mit dem Buch erscheinen. „Molly Moon" (Hörverlag), „Schlimmes Ende" (Hanser) und die Romane von Cornelia Funke (alle Patmos) sind hier als Beispiele zu nennen.

Computer

Beim PC stellt sich dieses Problem nicht, davor setzen sich Kinder freiwillig. Aber auch da braucht es viel Bereitschaft der Eltern, sich einzumischen. Julians Mutter erzählt, dass ihr Sohn sich zunehmend gewalttätigere Spiele von Freunden ausgeliehen hatte. Sie sagte daraufhin zu ihm: „Ich möchte nicht, dass du in meinem Haus solche Spiele spielst. Ich bin bereit, dir andere Spiele zu kaufen, sogar wenn sie teuer sind. Oder wir gehen in die Bibliothek und leihen welche aus." Als Alternative können wir Ihnen zwei Internetseiten mit Spielen empfehlen: www.spielepur.de und www.foxkids.de. Aber auch auf diese Seiten sollten Eltern mal mit draufschauen.

Eltern können ihre Kinder auf jeden Fall begleiten, indem sie mit ihnen zusammen chatten, ihnen zeigen, wie das Mailen funktioniert, und indem sie mit ihnen über die Gefahren des Internets reden. Denn jeder Besuch einer Internetseite birgt die Gefahr, dass Kriminelle Zugriff auf Ihren Computer haben. Kinder müssen also vorsichtig sein, welche Site sie ansteuern und welche Daten sie eingeben. Und zwar unabhängig davon, ob Sie eine Firewall oder ein Schutzprogramm installiert haben.

Sinnvoll ist sicherlich, wenn Kinder einen PC-Kurs besuchen, in dem sie lernen, den Computer als Handwerkszeug zu benutzen: für die Hausaufgaben-Recherche und für die Erstellung von ordentlichen Dokumenten, sprich Texten.

Schreibwettbewerbe

Zum Vorwurf, Kinder läsen zu wenig, gesellt sich in der letzten Zeit, Kinder könnten nicht mehr schreiben. Stimmt nicht, sie schreiben unzählige SMS, sie formulieren Mails, sie chatten und einige schreiben auch Geschichten. Das alles machen sie so gut, dass es bereits einen Wettbewerb dafür gibt (Infos über die Stiftung Lesen, Adresse s. Anhang).

Kids, denen die kurzen SMS-Texte nicht reichen, die gar mehr schreiben, können sich an die Literaturwerkstatt Graz (www.literaturwerkstatt.at) wenden. Dort finden alljährlich mehrere Schreibwochen statt, für die man sich mit einem oder mehreren Texten bewerben kann. Wer weiß, vielleicht wachsen dort die Schreiberlinge der Zukunft nach, die genau wissen, was Kinder und Jugendliche interessiert und was sie zum Lesen animiert.

4 Welche Rolle der Kindergarten bei der Leseförderung spielt

Endlich!" – Corinnas Blick zurück und der leichte Stoßseufzer sprachen Bände. Nein, nicht dass sie ihr Kind Esther nicht liebte, aber der erste Tag für Esther im Kindergarten war auch irgendwie Befreiung. Halbtags wollte sie arbeiten als Bürokauffrau und Esther würde es bestimmt ganz gut haben. Gerade als Einzelkind war es sehr wichtig, unter Gleichaltrigen zu sein, voneinander und miteinander zu lernen.

Esther war ein sehr aufgewecktes Kind, sprachlich ziemlich weit, kein Wunder, hatte sie doch jeden Tag vorgelesen bekommen, tagsüber von Corinna und abends von ihrem Vater Paul. Corinna und Paul waren so etwas wie das ideale Paar in Sachen Vorlesen und Erzählen. Sie lasen selbst viel und Bücher gehörten so selbstverständlich in ihre Wohnung wie die Tapeten oder die Bilder vom letzten Urlaub.

Auch Esther hatte ihr eigenes kleines Bücherregal und besaß schon gut zwanzig Bilderbücher, in denen sie blätterte und ihrer Puppe auf dem Schoß daraus vorlas. Das war das Erste, was Esther im Kindergarten vermisste – Bücher, auf die sie ungehindert zugreifen konnte, um darin zu blättern oder um Susi, ihrer Puppe, die sie mitnahm, daraus vorzulesen. Deshalb gab es nachmittags, als Mami sie abholte, nichts Wichtigeres, als vorgelesen zu bekommen. Wenn sie selbst Susi vorlas, dann die Geschichte „Ich bin im Kindergarten und Mami holt uns bald wieder ab".

So oder ähnlich geht es vielen Kindern und Müttern in Deutschland. In rund 37.000 Kindergärten und Kindertagesstätten verbringen die Kinder einen großen Teil ihrer Zeit, manche halbtags, manche ganztags. Corinna war sich bewusst, dass auch der Kindergarten nur das an Erziehung fortsetzen konnte, was zu Hause als Grundlage bereits geschaffen war. Vorlesen und Erzählen, die freie Verfügbarkeit von Büchern, der Besuch von Bibliotheken und Buchhandlungen, vor allem aber das Reden über Gelesenes, Gesehenes, Gefühltes sind wichtige Variablen einer gelungenen kindlichen Medienerziehung. So weit so gut. Schließlich hatten Corinna und Paul auch den Elterntest der Stiftung Lesen bestanden, der in einer Elternzeitschrift bereits vor zwei Jahren abgedruckt war. Wie der aussah? Probieren Sie es einfach mal.

Checkliste zur Leseerziehung für Eltern

Wer ist beim Durchblättern einer Zeitschrift nicht schon einmal in Versuchung geraten, einen „Persönlichkeitstest" auszufüllen? Ob wir das nun ernst nehmen oder nicht, ein kleiner „Selbsttest" der Eltern kann ja nicht schaden. Der Elterntest zur Leseerziehung in der Familie kann helfen, bei den Eltern ein Problembewusstsein zu schaffen. Sie finden diesen Test in der vorderen Klappe dieses Buchs.

Geben Sie sich für jedes „Ja" einen Punkt. Die Testauswertung gibt es natürlich auch, auf der rechten Seite der hinteren Buchklappe. Viel Spaß damit! Und natürlich können Sie den Test ja auch kopieren und den ErzieherInnen im Kindergarten für die anderen Eltern mitbringen.

Nun, Corinna und Paul hatten 19 Punkte und Esther „las". Nach gut vier Wochen Kindergarten war der erste Elternabend angesagt und ehe sich Corinna versehen hatte, wurde sie in den Elternbeirat gewählt. Als sie Esther an einem der nächsten Tage abholte, traf sie Frau Morgenstern, die Kindergartenleiterin, und beide verabredeten sich zu einem Gespräch. „Mir ist das Vorlesen besonders wichtig, Frau Morgenstern, wie machen Sie das eigentlich bei so vielen Kindern?" Frau Morgenstern stutzte, hatte Corinna doch eines der Kernprobleme angesprochen, das seit der PISA-Studie in aller Munde war: der Kindergarten als Ort des Lesens, der Vermittlung von Lesefreude usw. Wie war das?

Seit der PISA-Studie wurde Frau Morgenstern oft mit der Meinung konfrontiert, dass nur wenige ErzieherInnen in der Lage seien, richtig vorzulesen, den Kindergärten fehlte es an der nötigen Grundausstattung, die Erzieherinnen müssten sich stärker fortbilden, hätten keine große Ahnung von Bilderbüchern und deren Auswahl. Überhaupt: der Kindergarten verkenne seine außerordentliche Aufgabe als Leseförderungseinrichtung. In anderen Ländern, zum Beispiel in England oder in Schweden sei das alles viel besser – mehr Geld, mehr Know-how, bessere Erzieherinnen usw.

Frau Morgensterns Selbstbewusstsein hatte darunter gelitten. Klar, es war nun wirklich nicht toll bestellt um ihre Einrichtung. Seit Jahren hatte sie für mehr Mittel gekämpft, aber keine erhalten, und ständig wachsende Kindergartengruppen mit einer zunehmenden Zahl entwicklungs- und verhaltensgestörter Kinder gaben ihr den Rest. Mit rund 50 Jahren fühlte sie sich zunehmend entmutigt. Eine ganze Generation hatte sie schon erlebt und sich wie selbstverständlich – bei schlechtem Gehalt – um die sprachliche, musikalische, emotionale und mathematisch-naturwissenschaftliche Förderung der ihr anvertrauten Kinder bemüht. Und jetzt das! Die PISA-Ergebnisse waren niederschmetternd und die öffentliche Diskussion gab den Kindergärten eine Mitschuld daran, obwohl bei uns im Kindergarten doch gar nicht Lesen gelernt wird, sondern in der Schule. 25 Prozent aller Kinder in Deutschland haben nach Aussage der Stiftung Lesen sprachliche Entwicklungsverzögerungen. Sauerei, oder? Was die Familien da treiben – und wir sollen die ganze Suppe auslöffeln.

Frau Morgensterns in Falten gelegte Stirn verunsicherte Corinna. Sie wiederholte ihre Frage nach der Vorlesepraxis und Frau Morgenstern gab knapp Auskunft, denn sie kannte diese Spezies der Überengagierten: „Pro Kind ein Buch. Stehen im Teamraum, im Schrank, damit sie nicht so schnell zerfleddert werden.“

Pro Kind ein Buch – mein Gott, Esther hatte alleine über zwanzig zu Hause, dachte Corinna und zog ein Faltblatt der Stiftung Lesen aus ihrem Mantel und sagte „Wie wär's, Frau Morgenstern, wollen wir da nicht mitmachen? Ich fände es schön und ein paar andere Eltern auch, wenn wir hier gemeinsam etwas unternehmen würden.“ Sie reichte Frau Morgenstern das Faltblatt und Frau Morgenstern las: „Gesucht: die 100 vorlesefreundlichsten Kindergärten Deutschlands – ein Wettbewerb ab 2004.“ Sie zögerte, war dann aber doch bereit mitzumachen.

Schon wenige Tage später trafen sich Corinna und Frau Morgenstern wieder. Bestandsaufnahme war angesagt, bevor weitere Eltern in die Bewerbung für den Wettbewerb mit einbezogen werden sollten.

Folgende Fragen wollten sie beantworten, um sich ein klares Bild von der Lesesituation im Kindergarten zu machen:

- Wie viele Bücher sind vorhanden? Decken die Bücher ein breites Themenspektrum ab, sind sie für die Arbeit mit den Kindern geeignet? Stehen Mittel für Neuanschaffungen zur Verfügung?
- Wo befinden sich die Bücher? Im Aufenthaltsraum der Erzieherinnen oder in der Kindergartengruppe? Wie zugänglich sind also die Bücher für die Kinder?
- Wie häufig wird vorgelesen und in welcher Art und Weise? Werden Bezüge zu Erfahrungen der Kinder mit Fernsehen und Kassette hergestellt, das Vorlesen mit dem Einsatz anderer Medien kombiniert?
- Ist versucht worden, mit der Bibliothek und Buchhändlern vor Ort zu kooperieren? Ist schon einmal mit den Kindern eine Bibliothek besucht worden? Sind Eltern an Projekten zur Leseförderung interessiert und zur Mitarbeit aufgefordert worden? Wann war der letzte Elternabend zu diesem Thema?
- Welche Informationen zur Leseförderung gibt es für die Erzieherinnen? Sind Orientierungshilfen für den Kinderbuchmarkt, Leseempfehlungen und Auswahllisten bekannt? Werden Weiterbildungsmöglichkeiten zu dieser Thematik angeboten und wahrgenommen?
- Wann gab es den letzten Anschaffungsetat für Bücher und andere Kindermedien?
- Kann man von einer guten Leseatmosphäre in den Gruppenräumen ausgehen?
- Gibt es genügend Bücher zum Ausleihen für die Kinder?

In der nächsten Woche trafen sich Frau Morgenstern und Corinna fast jeden Nachmittag. Das „Lesefieber" hatte Corinna und Frau Morgenstern gepackt. Aber auch andere Erzieherinnen aus dem Team waren jetzt dabei, ebenso zwei Freundinnen von Corinna mit Kindern im gleichen Alter. Ja, Lesefieber war das richtige Wort, denn schließlich wollten sie den „Goldenen Vorlesebär" der Stiftung Lesen gewinnen. Ihnen war klar, dass ihr Kindergarten, wollte er einen Beitrag zur Leseförderung leisten, zum einen selbst eine zur Beschäftigung mit Büchern animierende Atmosphäre schaffen muss, die gerade jenen Kindern, deren Familien wenig Leseanreize vermitteln, Gelegenheit gibt, Erfahrungen im Umgang mit Bilderbüchern, mit dem Vorlesen und Erzählen zu machen. Zum anderen wollten die Erzieherinnen den Eltern Vorschläge für eine aktive Leseerziehung in der Familie unterbreiten. Eine erfolgreiche Leseförderung, da waren sie sich einig, kann nur gelingen, wenn Kindergarten und Elternhaus kooperieren.

Die Pizzeria um die Ecke war schließlich Ort eines geradezu „historischen" Treffens des Erzieherinnenteams mit den Eltern. Erstmals in der Geschichte des Kindergartens wollte man sich an einem Wettbewerb zum Vorlesen und Erzählen beteiligen – gab ja vorher auch keinen. Allen war

klar, dass dies nicht leicht sein würde bei potenziell 36.999 konkurrierenden Einrichtungen. Gleichwohl hatten sie sich doch vorgenommen, etwas Besonderes zu leisten: Sie wollten die Infrastruktur des Kindergartens für das Vorlesen und Erzählen verbessern und auf Dauer neue Wege für ein Mehr an Lesen gehen, die auch über den Wettbewerb hinausreichen sollten. Wie dies gehen könnte, welche Möglichkeiten es gab, war Kern der Diskussion an diesem Abend. Paul, Corinnas Mann, hatte dazu bei der Stiftung Lesen angerufen und eine Reihe von Materialien erhalten: methodisch-didaktische Handreichungen für Erzieher, Leseempfehlungen über bewährte Bücher zum Vorlesen und Erzählen, Informationen über einen Vorleseclub von Senioren und vieles mehr. Außerdem boten verschiedene Verlage „Erzählposter" zu verschiedenen Themen an und die örtliche kirchliche Bücherei hatte Bücherboxen zur Ausleihe zu verschiedenen Themen.

Im Laufe des Abends wurde eine Liste mit Ideen erarbeitet.

Ideenliste zur Leseförderung im Kindergarten

Unser Buch

Erzählte Geschichten, gemalte Fantasien, Erlebtes – es gibt viele Themen, zu denen im Kindergarten in einzelnen Gruppen oder von allen Kindern gemeinsam ein eigenes Buch hergestellt werden kann. Vorgefertigte Bilder zum Ausmalen für die Kleinen, freies Malen für die Größeren geben eine breite Palette von Vorstellungen über Personen, Handlungen und Orte einer erzählten Geschichte. Gebunden und mit einem Umschlag versehen, kann das Büchlein z. B. an Eltern verkauft und aus dem Erlös neuer Lesestoff angeschafft werden. Vielleicht hilft auch die örtliche Bank, die regionale Zeitung, ein Industriebetrieb oder ein Mitglied aus dem Elternkreis, das Büchlein zu vervielfältigen. Im Besitz der Kinder stellt es allemal einen hohen Wert für die Lesemotivation dar.

Natürlich kann auf diese Weise auch jedes Kind sein eigenes Buch herstellen.

Themenorientierte Lesetipps für Eltern
Eltern für das Lesen und die Leseerziehung zu gewinnen heißt – wie bei Kindern auch –, an ihren Interessen, Hobbys und Freizeitgewohnheiten anzuknüpfen. Vielleicht lässt sich anlässlich eines Elternabends herausfinden, welche Themen auf besonderes Interesse stoßen, um daraus eine Jahresplanung mit zwei bis drei Ausstellungen im Foyer des Kindergartens, am besten in Kooperation mit der nächstgelegenen (Kinder-)Bibliothek oder Buchhandlung zu machen. Wie wär's z. B. mit Urlaubslektüre? Viele Familien verreisen heute, und Romane, Geschichten, Erzählungen, Sachbücher und Reiseführer über die verschiedenen Urlaubsländer lassen sich leicht zusammenstellen.

Lesehöhlen im Kindergarten

Weihnachtsbasteleien oder Osterschmuck herzustellen, gehört in vielen Kindergärten zu den Selbstverständlichkeiten. Eine „Lesehöhle" aus Pappe für die Kindergartengruppe oder gar aus Holz für die Spielflächen im Freien wäre sicherlich eine reizvolle Aufgabe für handwerklich befähigte Mütter und Väter. Das Entwerfen und Planen der „Lesehöhle", das Besorgen der notwendigen Materialien und letztlich auch der Aufbau und die Dekoration durch die Kinder geben neben dem ganz praktischen Nutzeffekt, dass ein Leseort geschaffen wird, vielfach Gelegenheit, das Thema Lesen ohne pädagogischen Zeigefinger im Elternkreis zu diskutieren, Erfahrungen über das Lesen auszutauschen und so Leseerlebnisse zu vermitteln.

Unsere Lieblingskinderbücher

Die Eltern werden gebeten, ihre Lieblingskinderbücher zu nennen und diese dem Kindergarten vorübergehend für eine Ausstellung zur Verfügung zu stellen. Titel, die nicht mehr vorhanden sind, können möglicherweise über die örtliche Bibliothek besorgt werden. Auch die Kinder bittet man, ihr Lieblingsbuch mitzubringen. Die Ausstellung der Bücher sollte in einem Raum organisiert werden, der mit gemütlichen Plätzen und Ecken ausgestattet ist und zum gemeinsamen Schmökern in den „Lieblingsbüchern einst und heute" einlädt. Die Ausstellung ermöglicht Eltern wie Kindern einen Einblick in die generationsspezifischen Kinderbuchvorlieben, informiert über den Wandel im Spektrum der Themen, die in den Büchern aufgegriffen werden, und über Änderungen bei der künstlerischen Gestaltung von Illustrationen. Als ein Stück „Zeitgeschichte" lässt sich eine derartige Ausstellung auch einer breiteren Öffentlichkeit zugänglich machen.

Lesebotschaften

Jedes Kind malt zu seinem Lieblingsbuch ein Bild. Auf eine Wäscheleine gehängt flattern die Lesebotschaften der Kinder im Wind wie in Tibet die Gebete. Eine schöne Abrundung eines Kindergartenfests.

Vorleseschlangen

Eltern und ErzieherInnen lesen Kindern aus Bilderbüchern vor, sei es zu Hause oder im Kindergarten. Hängt man alle Bilderbücher, die gerade bei den Kindern aktuell sind, über eine Wäscheleine, so entsteht daraus eine Vorleseschlange, die die Räume des Kindergartens miteinander verbinden, aber auch bis zur nächstgelegenen Bibliothek gespannt sein kann. Welcher

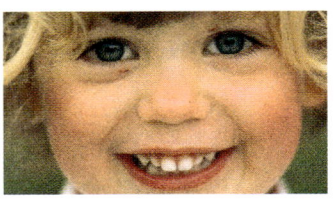 Kindergarten in welcher Stadt wird wohl die längste Vorleseschlange bauen?

Lustige Bücherregale

Leseerziehung ist ja eigentlich ein Bereich, in dem sich die Mütter engagieren. Aber gerade Väter basteln gerne. Bücherregale mit lustigen Figuren aus der Kinderliteratur für die Gruppenzimmer schaffen Leseatmosphäre und einen ungehinderten Zugriff auf Bücher.

„Lesekoffer/Bücherboxen" – Verlockung zum Lesen

Nicht jeder Kindergarten verfügt über genügend Lesestoff zu unterschiedlichen Themenkomplexen der kindlichen Lebenswelt. Die Kooperation mit Bibliotheken/Büchereien kann z. B. dazu verhelfen, im monatlichen Wechsel aktuelle Kinderbücher als kleine „Buchpakete" für die Arbeit im Kindergarten zur Verfügung zu haben. Nach dem Motto „In der Bibliothek gibt's noch mehr" kann man so leicht zeigen, dass Kinderbücher nicht teuer sein müssen, und auf diese Weise Eltern wie Kinder verstärkt an die Nutzung von Bibliotheken/Büchereien heranführen.

Buchtragetaschen für Kinder

Aus Stoff genäht und mit Motiven aus der Kinderliteratur versehen: Eine Buchtragetasche kann jedes Kind gebrauchen, sei es für die Ausleihe aus der Bibliothek, für den Buchkauf in der Buchhandlung oder einfach zum Mitnehmen des Lieblingsbüchleins. Buchtragetaschen fordern zum Vorlesen auf.

Schaukasten: Lesetipps der Woche

Schaukästen am Eingang des Kindergartens dienen häufig der Information über besondere Ereignisse und Vorhaben. Ganz leicht ist es, diese Schaukästen auch für die Leseförderung zu nutzen. „Lesetipps der Woche" können etwas mit der Arbeit im Kindergarten, aktuellen Themen oder aber auch mit dem Fernsehen zu tun haben. Das Buch zur Serie, zum Thema usw. bietet eine Möglichkeit, das Thema Lesen kontinuierlich anzusprechen. Die Auswahl geeigneter Kinder- und Jugendliteratur, aber auch von Erwachsenenbüchern, kann aus dem Gespräch mit dem Bibliothekar, dem Buchhändler oder aber aus vorhandenen Orientierungsverzeichnissen zum Buchmarkt erfolgen. Auch Zeitungen und Zeitschriften bieten regelmäßige Buchbesprechungen an.

Kindergartenfest mal anders
Fast alljährlich sind Kindergartenfeste ein fester Bestandteil im Jahresplan des Kindergartens. Märchenaufführungen sind dabei häufig vorzufinden. Spiel und Tanz geben Einblick in die Arbeit des Kindergartens. Auch bei solchen Anlässen können Literatur und Leseförderung noch stärkere Berücksichtigung finden. Ein „Bücher- und Bilderbuchflohmarkt" ergänzt die bunte Palette.

Prominente lesen vor
Ob Ortspfarrer, Bürgermeister, der bekannte Bauunternehmer oder die beliebte Sängerin – Ortsprominenz gibt es überall. Ein Vorlesenachmittag oder -abend der besonderen Art im Kindergarten ist deshalb leicht zu organisieren. Besonders gelungen ist es, wenn die Ortsprominenz aus ihren Lieblingskinderbüchern vorliest. Da gibt es manche Überraschung und manchen Lacher. Lesen macht Spaß.

Elternbriefe zur Lese- und Medienerziehung
Nicht immer werden alle Eltern sich in der Leseförderung engagieren, gleichwohl aber sollte man sie informieren. Regelmäßige Elternbriefe bieten die Möglichkeit, jene Eltern zu erreichen, die nicht zu den (regelmäßigen) Besuchern von Elternabenden und Gesprächsnachmittagen zählen. Auf diese Weise können medienerzieherische Probleme, Ratschläge und Tipps vermittelt werden. Hinweise auf interessante Bücher zu einem bestimmten Thema, auf geeignete Fernsehsendungen und/oder Zeitschriften runden das Bild ab – verbunden mit Neuigkeiten aus dem Kindergartenalltag. Solche Briefe werden gelesen, besonders dann, wenn interessierte Eltern für die Mitarbeit bei der Erstellung der Elternbriefe gewonnen werden konnten.

Informationsbörse Leseförderung
Viele Eltern stehen vor dem Problem: „Welches Buch soll ich meinem Kind kaufen?" Andere wollen sich mit dem Thema Fernsehen und Lesen auseinander setzen. Anders als beim Elternabend, wo ja allzu häufig ein Referent oder eine Referentin als Experte zum Thema auftritt, könnte eine „Informationsbörse Leseförderung/Medienerziehung" einen unverfänglichen Zugang bieten, bei dem Material, Bücher, Zeitungen, Zeitschriften, Leseempfehlungen usw. zum Themenkreis dargeboten werden. Nicht nur die örtliche Bücherei und der Buchhandel können hierbei mithelfen, auch

Organisationen in Sachen Leseförderung stellen ihre Möglichkeiten und Materialien gerne gegen kleinere Unkostenbeiträge zur Verfügung.

Büchergarten
Jede Kindergartengruppe bastelt ihren eigenen Büchergarten. Vorgelesene Geschichten bilden die Grundlage fürs Spielen und Basteln auf großen Wandzeitungen, die auf den Boden gelegt werden. Nach ein paar Tagen besuchen die verschiedenen Kindergartengruppen die Büchergärten der anderen. Eine besondere Gelegenheit, neue und andere Bücher kennen zu lernen und von den Vorlieben der Freundinnen und Freunde zu profitieren. Auch die ErzieherInnen lernen auf diese Weise die Lesevorlieben der KollegInnen kennen.

Das Buch zum Umblättern
In jeder Kindergartengruppe oder im Eingang des gesamten Kindergartens kann „Das Buch zum Umblättern" präsentiert (z. B. im Schaukasten) und nach dem Motto „Fortsetzung folgt" erzählt werden. Jeden Tag darf ein anderes Kind die gerade erzählte oder betrachtete Seite umblättern – ein kontinuierlicher Anlass, sich mit Büchern und Erzählen zu beschäftigen. Nicht nur Kinder mögen diese Geschichten in Fortsetzungen, wie uns das Fernsehen gelehrt hat.

Vorlesestunden für Kinder
Ob im Kindergarten selbst, in einem Raum irgendwo in der Nähe oder in örtlichen Büchereien – eine regelmäßige wöchentliche Vorlesestunde für Kinder bietet vielfältige Möglichkeiten. Unter Federführung des Kindergartens können Räumlichkeiten gesucht, Termine koordiniert und geeignete Lesestoffe für Kinder ausgewählt werden. Wenn sich dazu noch zwei bis drei „MittäterInnen" finden, ist die zeitliche Belastung für die ErzieherInnen nicht allzu groß.

Vorleseclub – Seniorinnen lesen für Kinder
Wie wichtig der Dialog für die kindliche Entwicklung ist, steht außer Frage. Aber wenige Kinder haben heute noch die Gelegenheit, ihre Großeltern in der eigenen Familie zu erleben. „Erzählte Geschichten" aus dem wirklichen Leben sind zudem allemal spannender als die Wirklichkeit des Fernsehens. Für diese Form der regelmäßigen Vorlesestunden im Kindergarten lassen sich sicherlich aus der Großelternschaft des Kindergartens

geeignete Personen finden, die Zeitgeschehen anhand von Bilderbüchern oder auch auf der Grundlage von Zeitungsausschnitten vermitteln können. Die Mondlandung 1969 etwa, illustriert mit Fotos aus dieser Zeit, dürfte auf großes Interesse stoßen. Ortsgeschichte, eventuell in Kooperation mit dem Geschichtsverein, zeigt Kindern, wie die Großelterngeneration gelebt hat, wie sich Umwelt, Natur und Gemeinde entwickelt und verändert haben.

Nicht nur „Weihnachten früher" oder „Ostern, als Großmutter selbst ein Kind war" sind solche thematischen Anlässe, auch das Thema „regionale Küche", die Verknüpfung zwischen gemeinsamem Kochen und Erzählen, kann vielfältige Gesprächsanlässe ergeben – die in Form von Bilderbuchbetrachtungen fortgesetzt werden können. Gerade die Verknüpfung von „Erzählen" und „Erleben" kann als Garant für Lesemotivation dienen, denn sie macht neugierig auf mehr.

Die Stiftung Lesen verfügt über einen eigenen Vorleseclub mit rund 3.000 ehrenamtlichen Vorleserinnen, die von ihr ausgebildet wurden. Vielleicht lebt eine davon in Ihrer Nähe. Wenn Sie sich dafür interessieren, können Sie weitere Informationen bei der Stiftung Lesen anfordern.

Bibliotheksbesuch – unverzichtbar!
Eigentlich selbstverständlich, aber noch lange nicht überall Praxis: Vereinbaren Sie regelmäßige Termine mit der Bücherei. Auf diese Weise lernen Sie und die Kinder die neuesten Bücher kennen und die Eltern begreifen, dass Kinderbücher nicht teuer sein müssen – einfach so nebenbei. Zudem können die Kinder die Bibliothek als einen spannenden Ort, an dem es weit mehr gibt als Bücher, nämlich auch gute Kindertonkassetten, Videos etc., kennen lernen.

Elterncafé
Eine gute Gelegenheit, sich bei Kaffee und Kuchen über die Vorlesesituation zu Hause oder im Kindergarten zu unterhalten. Regelmäßig, vielleicht einmal im Monat praktiziert, ist das Elterncafé eine gute Einrichtung zur Verbesserung der eigenen Vorlesetätigkeit und der Kenntnis des Kindermedienmarktes unter dem Motto „Was ist in, was ist out, und wie reagiert man darauf?" Besonders effektiv ist das Elterncafé, wenn jeweils eine Person die Vorbereitung in Form der Vorstellung von Büchern oder anderen Medien übernimmt. So verschafft man sich schnell einen guten Überblick.

5 Wie Leseförderung in der Schule gestaltet werden kann

Tim kam in die Schule. Welch ein Ereignis für Tim, seine Eltern und die Großeltern, die eigens angereist waren, um ihm die große Schultüte zu schenken, in der sich allerlei für den Schulalltag fand: Spitzer, Bleistifte, ein Schreibheft, aber auch etwas Nützliches, wie Tim zufrieden feststellte: Kaugummis, Gummibären der berühmten Marke und Nussschokolade. Tim liebt Nussschokolade!

Tims Eltern hatten wenig Zeit gehabt in den letzten Jahren. Sie hatten studiert und waren nach dem Studium zunächst arbeitslos, dann endlich im Job, voller Angst, ihn wieder verlieren zu können. Tim war ziemlich kompetent in Sachen Computerspiele und Fernsehen gucken. Viel Zeit hatte er damit verbracht, in seinen jungen Jahren den „Master of Games" zu erhalten, aber er hatte es geschafft. Bücher waren nicht so Tims Sache und lesen und schreiben lernen wollte er vorerst nicht. Wozu auch? Wenn seine Eltern lasen, dann Fachbücher für den Job, oder sie hörten beim Autofahren so ganz nebenbei Kassetten. „Nun wollen wir in unsere Klassen gehen", sagte Frau Müller-Schmidt, seine Klassenlehrerin, und los ging's mit der Leseförderung.

Tims Vorbereitung für das Lesenlernen in der Schule war nicht die beste und er hatte Angst – wie übrigens jedes dritte Schulkind in Deutschland, wie die Deutsche Gesellschaft für Psychiatrie, Psychotherapie und Nervenheilkunde erst unlängst feststellte.

Als er den Klassenraum betrat, war er ziemlich frustriert – nicht ein Computer, aber viele Bücher! Frau Müller-Schmidt war eine engagierte Lehrerin und hatte in den letzten Jahren eine ganze Reihe von Projekten realisiert, die der Grundschule einen gewissen Ruf eingebracht hatten: „Lesetopia". Damit war gemeint, dass sie mit Hilfe des Schulträgers und der Eltern alles tat, um Kindern das Lesen beizubringen und zugleich die Voraussetzungen für Lesebegeisterung bei den Kindern zu schaffen: Bücher allerorten. In Deutschland haben nur 15–20 % aller Schulen eine Schulbibliothek. Kaum ein Land in Europa gibt so wenig Geld dafür aus wie Deutschland. Angesichts knapper Kassen war Frau Müller-Schmidt aber nicht untätig geblieben.

Sie hatte die Eltern eingeladen und sie aufgefordert, das Schulleben ihrer Kinder mitzugestalten und mitzuverantworten. Schule ohne Bücher heißt eben auch, mehr Schwierigkeiten beim Lesenlernen und weniger Erfolg in der Leseleistung. Wer von den Eltern wollte dafür nicht verantwortlich sein? Auch Tims Eltern dachten so. Schließlich sollte Tim Abitur machen. Auch wenn sie die Ansichten von Frau Müller-Schmidt für etwas veraltet hielten – schreiben und lesen lernen konnte man ja auch am Computer. „Ja, ja", sagte Frau Müller-Schmidt am ersten Elternabend, „aber das kommt später", und fing sogleich an, ihr Lesetopia zu erklären.

„Engagierte Eltern – engagierte Schule": Dieser Spruch zierte den Eingang zu Frau Müller-Schmidts Büro und erklärte alles, was mit Lesetopia gemeint war: Vorschläge von Eltern für die Gestaltung des Schullebens, für die Leseförderung und damit für die Zukunft ihrer Kinder. Was können Eltern gemeinsam mit Lehrern tun?

Ideen und Vorschläge zur Leseförderung in der Grundschule

Vorlesestunde für Grundschulkinder
Gerade wenn Kinder lesen lernen, sollte das Vorlesen und Erzählen in allen Variationen ein wichtiger Bestandteil der Erfahrung von Kindern bleiben. Ob zu Hause für die eigenen Kinder, ob zugleich auch für Kinder aus der Nachbarschaft oder als freiwilliges Zusatzangebot in der Schule oder der örtlichen Bücherei – Vorlesen und Erzählen kann man überall.

Vorlesestunden können mit Spielen, Basteln, Malen, Musik, Kochen oder z. B. mit einem Besuch im Zoo oder Ähnlichem verbunden werden. Geeignete Bücher gibt es in der Bücherei, und ein kleiner „Reklamezettel", über die Kinder an die Eltern verteilt, macht auf Ihre Veranstaltung zur Leseförderung aufmerksam. Noch besser – und weniger zeitlich belastend – ist es, wenn Sie sich in Kooperation mit anderen Vätern und Müttern beim Vorlesen abwechseln.

Bücher im Klassenzimmer
Nicht alle Schulen verfügen über eine funktionierende Schulbibliothek – Lesestoffe aber müssen für Kinder greifbar und unmittelbar zugänglich sein. Sie könnten anregen, dass ein „Lockangebot" an Büchern im Klassenzimmer der Kinder etwa in Kooperation mit der örtlichen

Bücherei aufgebaut wird. Sicherlich kennen die Lehrer geeignete Themen und Lesestoffe, die dem Alter der Kinder entsprechen. Fehlt es an Regalen, kann der Werklehrer der Schule in die Leseförderung einbezogen werden, und Eltern, Lehrer und Kinder könnten gemeinsam an einem Nachmittag die Stellflächen basteln. Vielleicht bietet der Schulraum auch die Möglichkeit für eine Schmökerecke?

Bücherflohmarkt in der Schule
Basare, Versteigerungen, Flohmärkte sind – wie wir alle wissen – beliebte und gut besuchte Veranstaltungen an Schulen, sei es im Rahmen der meist jährlich stattfindenden Schulfeste, sei es, dass sie eigens für einen solchen Zweck organisiert werden. Fast immer bieten sie vielen Eltern die Gelegenheit zum Gespräch, in diesem Falle auch über das Lesen. Ein regelmäßiger Bücherflohmarkt ist ein gutes Mittel, entsprechende Gelder für den neuen Lesestoff zu sammeln, den Ausbau der Schulbibliothek zu unterstützen oder einmal aus dem Erlös einen Autor zu einer Lesung in die Schule einzuladen, denn gerade hierfür haben Schulen zu wenig Unterstützung. Die Begegnung mit einem Autor ist aber allemal ein Erlebnis mit positivem Leseförderungseffekt.

Elternabend mit Autorenlesung
Autorenlesungen für Schüler sind ein Weg, ein Elternabend mit einer Autorenlesung ein anderer, um das Thema Lesen und Leseförderung lebendig zu gestalten. So kann leicht über eigene Leseerfahrungen, Leseerlebnisse von Kindern und über das Lesen in der Schule gesprochen werden, und die Eltern machen Vorschläge für das „literarische Leben" in der Schule. Besonders gelungen ist ein solcher Elternabend, wenn sich daraus z. B. ein „Arbeitskreis Leseförderung" aus Lehrern und Eltern entwickeln lässt, der kontinuierlich Projekte, Maßnahmen, Ideen zur Leseförderung in den Schulalltag einbringt.

Schulfreizeit einmal anders
Fast in allen Schulen werden Schülerfreizeiten in den unterschiedlichen Jahrgangsstufen durchgeführt, finden eine Reihe von Vorbereitungstreffen statt und nehmen häufig Eltern als Betreuungspersonen an solchen Freizeiten teil. Ob es – wie in den oberen Jahrgangsstufen – nach London, Paris oder Rom geht oder – wie in den jüngeren Jahrgangsstufen – in die nahe gelegenen Mittelgebirge: Schülerfreizeiten sind allemal eine gute Gelegenheit, um

zum Lesen zu verführen. Wie wäre es z. B. mit einer Freizeit nach dem Motto „Auf den Spuren von Till Eulenspiegel" oder „Auf den Spuren Gutenbergs"? Sicherlich gibt es in vielen Regionen Räubergeschichten, Sagen und Erzählungen, denen nachgegangen werden kann, mit deren Hilfe Literatur und Lesen mit dem Abenteuer während der Schulfreizeit verbunden werden können. Gerade hier bieten sich für die Vorbereitung der Schulfreizeit der regionale Geschichtsverein und die Bibliothek als Kooperationspartner an. Auch in der Vorbereitung auf Rom, Paris oder London finden sich nicht nur eine Menge an Reiseführern, Bildbänden oder Sachinformationen – erzählende Literatur, Romane, Krimis, die in den genannten Städten spielen, stellen vergnügliche und unterhaltsame Verknüpfungen zwischen Schulfreizeit und Lesen her, bieten neue Zugangswege für ein Mehr an Lesen.

Die Nacht der Erzähler

Ein sicherlich außergewöhnliches Erlebnis für Schüler, Lehrer und beteiligte Eltern: eine Nacht in der Schule mit Vorlesen und Erzählen zu verbringen – und das ist leicht zu organisieren! Ein Teil der Eltern sorgt für Verpflegung, Kinder und Eltern bringen Schlafsäcke und ihre Lieblingsbücher mit, der Lehrer liest lustige Lausbubengeschichten über den Schulalltag vor, und die Kinder erzählen von ihren Streichen, stellen Lieblingsbücher vor oder erfinden eine gemeinsame Geschichte zum Thema „Abenteuer Lesen". Sie werden sehen, ein solches Leseerlebnis kann ganz nachhaltig den Dialog fördern und Anregungen für die lesepädagogische Praxis im Schulalltag geben.

Leseclub/Medienclub

Rund 600 Leseclubs gibt es an Schulen, Bibliotheken oder Jugendfreizeiteinrichtungen in Deutschland auf Initiative der Stiftung Lesen. Sie werden von Vätern, Müttern, Lehrern, Bibliothekaren und anderen Gruppen betreut und stellen ein freiwilliges Angebot zur Leseförderung dar.

Worum geht es dabei? Nicht alle Kinder finden in der Schule den Spaß am Lesen, gerne aber sind sie mit Gleichaltrigen in der Freizeit zusammen. Leseclubs sind Treffpunkte für die Freizeit. Durch gemütliche Einrichtung, vielfältige und dabei überschaubare Angebote/Aktionen rund ums Lesen und andere Medien sowie durch die Gruppenzugehörigkeit sind die Leseclubs Orte, an denen sich Kinder und Jugendliche schnell wohl fühlen. Kurz: Leseclubs sind ein Weg, gerade wenig interessierte Kinder und Jugendliche wieder zum Lesen zu verlocken.

Spiele mit Zeitschriften, Comics, Kassetten, Schallplatten, Büchern, Rallyes, Quiz- und Rollenspiele, gemeinsame Ausflüge usw. – es gibt viele Möglichkeiten, Literatur und Lesen spannend und spielerisch erfahrbar zu machen. So kann der Leseclub in der Schule – etwa gemeinsam von Lehrern und Eltern betreut – eine wichtige Initiative für das Lesen sein. Die Stiftung Lesen unterstützt die Einrichtung solcher Clubs im Rahmen ihrer Möglichkeiten, hält einen Grundstock an Büchern bereit, gibt Anregungen, Tipps und Ratschläge über das, was man in einem Leseclub alles machen kann, nicht zuletzt auch aus den Erfahrungen anderer Clubs.

Plakatwettbewerb zum Thema Lesen

Auf Initiative des Elternbeirats oder der Elternsprecher kann ein Plakatwettbewerb dazu dienen, Kunst- und Werklehrer in die Leseförderung einzubeziehen. Die von den Kindern erarbeiteten Plakate schmücken den Klassenraum, finden sich auf den Fluren oder werden an einer Litfaßsäule bzw. Plakatwand auf dem Schulhof präsentiert. Auch ein örtlicher Buchhändler kann damit werben.

Die besten Plakate werden durch eine Jury aus Eltern, Kindern, Lehrern, Bibliothekaren und Buchhändlern ausgewählt und können für die Schaufenstergestaltung einer Buchhandlung dienen oder in der Bibliothek gezeigt werden. Ein Preis für die besten Plakate oder auch Slogans kann eine Autorenlesung für die Klasse sein, dem Aufbau der Klassenbücherei dienen usw.

Lesen – kulinarisch

Lesen geht durch den Magen. Wie wär's mit Goethes Leibspeise „Kartoffeln mit grüner Soße" oder anderen Lieblingsgerichten berühmter Persönlichkeiten? Buchhandlung und Bibliotheken halten viele Bücher zu dieser Thematik bereit. Gemeinsam mit den Schülern können Eltern sich auf den Weg machen und recherchieren. Oder wie steht's mit Filmsternchen und Stars? Was aßen die für einen Pudding in welcher Geschichte? Kochen und Backen fürs Lesen bei einem Klassen- oder Schulfest der ganz besonderen Art. Denkbar ist auch „Lesen – kulinarisch in anderen Ländern". Viele Schulklassen haben ja Kinder aus verschiedenen Herkunftsländern. Was ist eine Leibspeise aus einem Kinderbuch in der Türkei usw.? So beteiligen sich sicherlich auch die Eltern von Kindern anderer Nationalitäten.

Lesen und Film

Berühmte oder bekannte Literaturverfilmungen sind eine Möglichkeit der Leseförderung im Medienverbund, die viel zu wenig genutzt wird. Das Sams z. B. eignet sich in ausgezeichneter Weise, die Bücher von Paul Maar über den Film zu einem Erlebnis zu machen. Aber natürlich gibt's da auch noch mehr: eine lange Vorlese- und Kinonacht oder ein Elternabend mit Kindern. Eintrittsgelder dienen nach Abzug der Unkosten dem Ankauf weiterer Bücher für die Schulklassen.

Lesehöhlen für die Klassen

Aus kaschierter Wellpappe, von Vätern und Müttern gemeinsam mit den Kindern gebastelt und gemalt, sind diese Leseorte leicht aufzubauen und wieder zusammenzuklappen. Gelegenheit für ein Mehr an Leseatmosphäre und Schmökerstunden für die Kinder.

Der Lesetag

Was es wohl bei Pippi in der Villa Kunterbunt zum Frühstück gibt? Oder bei Harry im Internat zum Abendessen? Kreieren Sie literarische Rezepte, die sich für einen Lesetag umsetzen lassen – von Jim Knopfs Schlummertrunk bis zum Lunchpaket der Fünf Freunde. Die literarischen Speisen und Getränke werden an die Gäste verkauft, am besten in der dekorierten Cafeteria oder einem Klassenzimmer, wo die literarischen Figuren passend zu den Gerichten von Plakaten oder als Pappfiguren grüßen. Eine Speisekarte, die das Angebot präsentiert, hängt bereits in der Aula aus und lockt hungrige Gäste an. Eltern und Lehrer lesen aus ihren Kinderbüchern vor bzw. erzählen Geschichten oder müssen Fragen der Schüler beantworten – eine Art „Wer wird Millionär" auf der Grundlage erlesenen Wissens.

Lesefreundschaften durch Luftballons

Mit einer Postkarte (Lesetipp plus Adresse) versehene Luftballons werden von Eltern und Kindern gemeinsam gestartet und bringen so die Botschaft für das Lesen auf den Weg. Wer zurückschreibt und gleichfalls einen Lesetipp abgibt, erhält ein kleines Geschenk. So entstehen Lesefreundschaften zwischen Kindern aus verschiedenen Schulen und verschiedenen Orten.

Eine solche Aktion kann auch in Kooperation mit der Bibliothek oder der Stadtverwaltung durchgeführt werden: Zu einer bestimmten Uhrzeit steigen die Luftballons. Vorher wird in der Zeitung zur Teilnahme aufgerufen.

Lesescouts

Ehemalige Schülerinnen und Schüler der Grundschule, einer benachbarten weiterführenden Schule oder ältere Geschwister lassen sich als „Lesescouts" anheuern und lesen in kurzen Sequenzen den Jüngeren aus deren Lieblingsbüchern vor. Übrigens: Auch die Stiftung Lesen bildet Lesescouts aus.

Lesequiz

Lust auf Rätsel? Am Eingang zum Schulfest bekommt jeder Gast ein Rätsel ausgehändigt, mit Fragen rund ums Buch, um literarische Figuren und Rekorde in Sachen Buch. Lösungen können an verschiedenen Stellen in eine Box geworfen werden, die Gewinner werden zu einem angekündigten Zeitpunkt gezogen. Als Preise: Bücher, Bücher, Bücher.

Leseorte

Wo liest wer am liebsten: im Bett, auf dem Klo, im Liegestuhl oder auf dem Sofa? Gestalten Sie zum Fest Leseorte: den Liegestuhl mit Sandunterlage und Sonnenschirm, das rote Samtsofa mit Beistelltischchen oder das Klappbett mit Nachttischlampe. Laden Sie die Gäste ein, die Orte im wahrsten Sinne des Wortes zu „besetzen" – wer mag, kann an einer Plakatwand aufschreiben, was sein Lieblingsleseort ist. Toll wären dann natürlich noch die passenden Getränke: Fruchtcocktails, Tee oder Honigmilch.

Marktplatz-Texte

Schülerinnen und Schüler machen Gedichte und Texte – eigene wie fremde – an öffentlichen Plätzen bekannt: „Träger" sind Bauzäune, Litfaßsäulen, Großflächenplakate, Fabrikgelände bzw. Fabrikgebäude, Großbuchstaben auf Marktplätzen ausgelegt, an Häuserwänden befestigt, Buchstabenluftballons, entsprechend gemähte Rasenflächen … Der Fantasie sind keine Grenzen gesetzt, nur genehmigt muss es sein. Fragen Sie bei der Ortsverwaltung, dem Ordnungsamt oder in den entsprechenden Firmen.

Lesemarathon

Wie viele Bücher wohl zu schaffen sind, wenn den ganzen Tag vorgelesen wird? Im Bibliotheksfoyer, im Eingang zum Kaufhaus, im Museumsfoyer wechseln sich Schülerinnen und Schüler, Lehrkräfte und Eltern dabei ab,

Bücher von vorne bis hinten vorzulesen. Passanten hören eine Weile zu, gehen dann weiter, andere setzen sich dazu. Sicher lässt sich auch die örtliche Prominenz zum Vorlesen bitten. Versuchen Sie die Lokalpresse dazu zu bewegen, die entsprechenden Zeiten vorab in der Zeitungen anzukündigen.

Meike, der Sammeldrache – Hilfe zur Selbsthilfe in Sachen Leseförderung
Leere Druckerpatronen sammeln und dafür grüne Umweltpunkte (GUPs) erhalten, mit denen man Medien einkaufen kann und so die Leseförderung vorantreibt – geht das? Aber ja! Wenden Sie sich an die Stiftung Lesen. Sie hilft Ihnen weiter und schon bald kann der Etat für die Klassenbücherei durch Ihre Sammelleidenschaft sichergestellt sein.

Sport und Lesen
Wie wär's einmal mit einer Buchausstellung der besonderen Art in der Sporthalle? Sie werden erstaunt sein, wie viele Väter und Mütter, Schüler, aber auch Lehrerinnen und Lehrer in der Schule Fachbücher zu ihrem Lieblingssport haben. Eine Ausstellung ist daher schnell zusammengestellt und kann begleitet werden durch ein kleines Turnier in den verschiedenen Sportarten oder Demonstrationen besonderer sportlicher Leistungen von Schülern, Lehrern und Eltern. So überschreitet die Leseförderung die Gartenzäune des Deutschunterrichts.

Lesen – fotografisch
Ein Fotowettbewerb für Eltern und Schüler zeigt, wo es überall ums Lesen geht. Die schönsten Fotos vom Lesen auf dem Klo bis zur Skulptur im Stadtpark werden prämiert. Eine Ausstellung der Fotos bildet eine schöne Abrundung bei der Preisvergabe. Eventuell hilft Ihnen auch der örtliche Fotoladen bei der Realisation.

Literatur fürs Ohr – Hörclubs
Zuhören ist eine wichtige Grundlage für Lernen und Verstehen. Heute kann man nicht mehr davon ausgehen, dass jeder die Fähigkeit des Zuhörens mitbringt oder nebenbei erlernt. Hören und Zuhören müssen deshalb gerade bei Kindern gezielt unterstützt werden. Die Hörclubs sind dazu ein idealer Weg. Hören und Zuhören werden dort spielerisch mit speziell ausgewählten Hörstücken erlernt und erfahren. Sie wecken die Zuhörlust und das Vergnügen am Hören.

Weitere Informationen bei:
Stiftung Zuhören
c/o Hessischer Rundfunk
Bertramstraße 8
60320 Frankfurt am Main

Den Lehrer anregen – Lesetipps in allen Fächern

Mathematik, Chemie, Biologie usw. – was hat das mit Leseförderung zu tun? Es ist immer wieder festzustellen, dass sich LehrerInnen dieser Fächer kaum für das Lesen und die Leseförderung zuständig fühlen. Wie wäre es aber z.B. mit Biographien über bekannte MathematikerInnen oder ChemikerInnen? Mit Geschichten, Romanen, Erzählungen aus der Zeit, in welcher sie ihre Entdeckungen/Erfindungen machten?

Zum Lesen verlocken kann man in jedem Unterrichtsfach, ob zu Hause oder in der Schule. Ganz leicht lassen sich so Mathematik oder Chemie als vermeintlich „trockene Lesestoffe" attraktiv gestalten, werden Zahlen und Formeln mit den Menschen und ihrer Zeit identifiziert, entsteht so eine Motivation seitens der Kinder. Fordern Sie also die Fachlehrer Ihres Kindes auf, Ihnen eine Auswahl geeigneter Bücher zu nennen, oder geben Sie selbst den Hinweis auf entsprechende Leseempfehlungen in Sachen Organisationen der Leseförderung/der Bibliothek.

Welche Vision wir für Kinder von heute haben – ein Ausblick

Wir wünschen Kindern Erwachsene, die ihnen zeigen, wie viel Spaß das Lesen machen kann. Die ihnen eine Ahnung davon vermitteln, welche Schätze in Büchern stecken. Die sie lehren, wie Bücher helfen, die Welt zu verstehen. Die ihnen erklären, wie Gerechtigkeit, Ehrlichkeit, Hilfsbereitschaft, Witz, Humor, Toleranz, das Gute und auch das Böse im Buch aussehen. Die die Kinderbuchfiguren Pippi, Karlsson, Kalle, Emil, das Sams, Kommissar Kugelblitz und all die anderen mit am Frühstückstisch der Familie Platz nehmen lassen. Die ihnen vorleben, wie man mit einem Buch die Welt um sich herum vergessen kann. Und wir wünschen Kindern Freunde, die genauso viel Freude am Lesen haben wie sie selber.

Was in den Anhang gehört

Adressen

Stiftung Lesen
Fischtorplatz 23
55116 Mainz
Tel: 06131-288900
www.stiftunglesen.de

Elternakadamie am Burckhardthaus
Herzbachweg 2
63571 Gelnhausen
Tel: 06051-89-0
www.burckhardthaus.de
Seminare zum Thema Medienerziehung (Bettina Mähler)

Zitierte Literatur

Aufenanger, Stefan, u. a.: *Gutes Fernsehen – schlechtes Fernsehen?* Denkanstöße, Fakten und Tipps für Eltern und Erzieherinnen zum Thema Kinder und Fernsehen, Köln ²1999

Bos, Wilfried u. a. (Hrsg.): *Erste Ergebnisse aus IGLU.* Schülerleistungen am Ende der vierten Jahrgangsstufe im internationalen Vergleich, Münster 2003

Deutsches PISA-Konsortium (Hrsg.): *PISA 2000.* Basiskompetenzen von Schülerinnen und Schülern im internationalen Vergleich, Opladen 2001

dass.: *PISA 2000.* Die Länder der Bundesrepublik Deutschland im Vergleich, Opladen 2001

Feibel, Thomas: „Kind & Computer", Sonderheft „spielen und lernen" 2002

Groeben, Norbert/Hurrelmann, Bettina (Hrsg.): *Lesekompetenz.* Bedingungen, Dimensionen, Funktionen, Weinheim/München 2002

Medienpädagogischer Forschungsverbund Südwest: *KIM-Studie 2002.* Kinder und Medien, Computer und Internet, Baden-Baden 2002

ders.: *Fernsehnutzung und Medienpädagogik im Alltag.* Dokumentation, Heft 3, Baden-Baden o.J.

ders. (Hrsg.): *Medien Zukunft 2005/2015.* Mediennutzung im privaten Sektor, Baden-Baden o.J.

(Alle drei erhältlich bei:
Medienpädagogischer Forschungsverbund Südwest,
Hans-Bredow-Straße,
76530 Baden-Baden)

Rogge, Jan-Uwe: *Kinder können
fernsehen*. Vom sinnvollen Umgang
mit dem Medium, Reinbek ²1999

Stark, Werner/Fitzner, Thilo/Schu-
bert, Christoph: V*on der Alphabetisierung zur Leseförderung*, Bad
Boll/Stuttgart 2000

Wespel, Manfred: *Wie wird mein
Kind zum Leser?* Praktische Tipps
und alles Wissenswerte zum Lesen
lernen, München ²1999

Buchempfehlungslisten und Verzeichnisse zur Jugendliteratur von Institutionen der Leseförderung

Abenteuer Lesen
Landesinstitut für Erziehung und
Unterricht Stuttgart
Neckar Verlag GmbH
Klosterring 1
78050 Villingen-Schwenningen

*Arbeitshilfen für Schule, Jugend und
Erwachsenenbildung*
Stiftung Lesen
Fischtorplatz 23
55116 Mainz

Die besten 7
Bücher für junge Leser
Buchredaktion DeutschlandRadio
Raderberggürtel 40
50968 Köln

Das Buch für dich
Kinder- und Jugendmedien Zürich
Nordstr. 1
CH-8820 Wädenswil

BuchJournal-Leselotse
Redaktion BuchJournal
Großer Hirschgraben 17–21
60311 Frankfurt

Bücherbär
Redaktion Bücherbär
Mühlegässli 18
CH-3150 Schwarzenburg

Bücherbox
Arbeitsgemeinschaft von Jugend-
buchverlagen e. V.
Zu bestellen bei:
Buchhändler-Vereinigung
Postfach 10 04 42
60004 Frankfurt am Main

Information Buch Oberstufe
Kinder- und Jugendmedien Zürich
Nordstr. 1
CH-8820 Wädenswil

*Kinder- und Jugendbuchliste des
Saarländischen Rundfunks*
Saarländischer Rundfunk
Funkhaus Halberg
66100 Saarbrücken

Leseempfehlungen der Stiftung Lesen
Stiftung Lesen
Fischtorplatz 23
55116 Mainz

Das neue Jugendbuch
Basler Jugendschriftenkommission
Binninger Str. 6
CH-4051 Basel

Der rote Elefant
Gemeinschaft zur Förderung von
Kinder- und Jugendliteratur e. V.
Weinmeisterstr. 5
10178 Berlin

Taschenbuch-Tipps
Arbeitsgemeinschaft von Jugend-
buchverlagen e. V.
Zu bestellen bei:
Buchhändler-Vereinigung
Postfach 10 04 42
60004 Frankfurt am Main

1000 und 1 Buch
Das österreichische Magazin für
Kinder- und Jugendliteratur
Redaktion 1000 und 1 Buch
AG Kinder- und Jugendliteratur
Mayerhofgasse 6
A-1040 Wien

Deutscher Jugendliteraturpreis
Arbeitskreis für Jugendliteratur
Zu bestellen bei:
Buchhändler-Vereinigung
Postfach 10 04 42
60004 Frankfurt am Main

Gott, die Welt und wir
Deutsche Kinder- und Jugendlite-
ratur e. V. Volkach
Zu bestellen bei:
Buchhändler-Vereinigung
Postfach 10 04 42
60004 Frankfurt am Main

Auch den Deutschlehrer nicht außen vor lassen!

Handreichungen für Lehrkräfte zu aktuellen belletristischen Titeln gibt es
kaum und methodisch-didaktische Tipps zu Büchern sind die Ausnahme.
Vielleicht helfen Sie der Lehrerin, dem Lehrer Ihres Kindes durch die
nachfolgende Zusammenstellung von Verlagen, die gezielt Handreichungen für Lehrkräfte herausgeben.

I. Deutscher Taschenbuch-Verlag
dtv junior
Postfach 40 04 22
80801 München

Beispiele für Literatur des dtv-Verlags:
1. Lesen in der Schule mit dtv junior
Lehrertaschenbuch 7
Unterrichtsvorschläge für die
Altersstufen 9 bis 12 Jahre
Moderne Kinderromane 1
€ 2,50, München 1996

2. Lesen in der Schule mit dtv junior
Lehrertaschenbuch 11
Unterrichtsvorschläge   für   die
Klassen 4–7
Moderne Kinderromane 2
€ 2,50, München 1999

II. Omnibus Kinderbuchverlag
Neumarkter Str. 18
81673 München

Beispiele für Literatur des Omnibus-Verlags:
1. Knobloch, Jörg (Hrsg.):
Schulbus Lesepraxis 3
Kinderbücher im Unterricht der
Klassen 1–6
€ 2,50, München 2001
aus dem Inhalt der Klasse 5/6
Feth, Monika:
Die blauen und die grauen Tage
Baer, Frank/Mühlbauer, Rita:
Der schwarze Stein
Spohn, Jürgen:
Drunter & Drüber
Winterfeld, Henry:
Caius ist ein Dummkopf
Zöller, Elisabeth:
Und wenn ich zurückhaue?

2. Knobloch, Jörg (Hrsg.):
Schulbus Lesepraxis 5
Kinderbücher im Unterricht der
Klassen 1–6
€ 2,50, München 2002
Aus dem Inhalt:

Bente, Liz/Daehli, L.:
Was heißt hier Feigling!
Grün, Max von der :
Vorstadtkrokodile
Wölfel, Ursula: *Fliegender Stern*
Wölfel, Ursula: *Joschis Garten*

III. Darüber hinaus können Sie sich noch erkundigen bei:

AOL Verlag
Waldstr. 18
77839 Lichtenau

Beltz & Gelberg Verlag
Werderstr. 10
69469 Weinheim

Carlsen Verlag
„Carlsen in der Schule"
Völckersstr. 14–20
22765 Hamburg

Oldenbourg Schulbuchverlag und
Bayerischer Schulbuchverlag
Rosenheimer Straße 145
81671 München

Ravensburger Buchverlag
Marketing
Postfach 18 60
88188 Ravensburg

Verlag an der Ruhr
Alexanderstraße 54
45472 Mülheim an der Ruhr

Die Reihe der Ideen und Vorschläge für ein verstärktes Engagement von Eltern im literarischen Leben der Schule ließe sich sicherlich noch fortsetzen. Wer mehr darüber wissen will, kann schließlich auch noch auf nachfolgend genannte Quellen zurückgreifen oder auch – noch besser – eigene Ideen gemeinsam mit anderen Eltern entwickeln.

Literatur zur Leseförderung

In folgenden Titeln haben wir viele Anregungen und Ideen gefunden. Falls Sie Lust haben weiter zu lesen – hier finden Sie viele Projektideen rund ums Lesen für Lehrer, aber auch für Eltern.

Fritsche, Elfi/Sulzenbacher, Gudrun: *Lese-Rezepte*
Neues Lernen in der Bibliothek
övb & hpt Verlagsgesellschaft mbH & Co KG, Wien 2000, 120 S., € 19,50

Haas, Gerhard:
Praxis Deutsch
Sonderheft: Kinder- und Jugendliteratur im Unterricht
Friedrich Verlag, Seelze 1995, 138 S., € 18,50

Knobloch, Jörg (Hrsg.):
Praxis lesen: Das Geheimnis der Lesekiste 1
Leseförderung per Schuhkarton in Grundschule und Bibliothek
AOL Verlag, Lichtenau 2002, 48 S., € 12,40

Knobloch, Jörg (Hrsg.):
Praxis Lesen: Das Geheimnis der Lesekiste 2
Leseförderung per Schuhkarton in der Sekundarstufe
AOL Verlag, Lichtenau 2001, 48 S. € 12,40

Knobloch, Jörg (Hrsg.):
Tag des Buches, Lese-Nacht.
Texte, Aufgaben und Anregungen für ein ganzes Lesejahr
AOL Verlag, Lichtenau 1999, 48 S., € 12,40

Knobloch, Jörg/Dahrendorf, Malte (Hrsg.):
Offener Unterricht mit Kinder- und Jugendliteratur
Grundlagen – Praxisberichte – Materialien
Schneider-Verlag Hohengehren, Baltmannsweiler 2001, 15 S., € 12,30

Rössler, Maria Theresia:
Leseräume – Leseträume
Das Südtiroler Lesejahr
Pädagogisches Institut für die deutsche Sprachgruppe, Bozen 1998, 176 S., € 18,–

Stiftung Lesen (Hrsg.):
Handmappe Lesen
Grundlagen, Ideen, Modelle zur Leseförderung
Mainz 1996, € 14,00

160